西洋膳所
ジョン・カナヤ麻布
ものがたり

伝説のレストランを創った

ホテルマン **金谷鮮治** と シェフ **坂井宏行**

小野幸惠

開業当時の
鬼怒川温泉ホテル
全景（一九三一年）

鬼怒川温泉ホテル開業記念写真
前列右より鮮治の父 金谷正生、母 多満
中央は多満の兄にして日光金谷ホテル二代目 金谷眞一

西洋膳所ジョン・カナヤ麻布
クレープ・シュゼットの
パフォーマンスを披露する坂井

パーティ料理より鮭のパイ包み

パーティ料理より鴨のテリーヌ、
フォアグラのガランティーヌ、
鶉のローストの盛り合わせ

西洋膳所ジョン・カナヤ麻布
店内で食事をする金谷鮮治夫妻

スペシャリテ
雲丹とサバイヨンソースを卵の殻に
詰めウォッカでフランベした
「卵のパクトゥール」

スペシャリテ
懐石料理の技を駆使した
「ラングスティーヌのクルー
ジェット（ズッキーニ）包み」

鬼怒川金谷ホテルのロビー天井を飾る
ガブリエル・ロアール作「天女の舞」。
鮮治座右の銘
「East meets West（和敬洋讃＝和を敬い洋を讃える）」
を象徴している

西洋膳所ジョン・カナヤ麻布ものがたり

目次

第3章　和のヌーベル・キュイジーヌ

表　紙／吉野杉の箸が添えられた伝統のテーブルセッティング
裏表紙／「西洋膳所ジョン・カナヤ麻布」の「フルーツバスケット」(ガブリエル・ロアール作)。
現在は鬼怒川金谷ホテルを飾る

協力・写真提供　金谷ホテル観光グループ
フランス料理店 ラ・ロシェル

装幀・デザイン　山谷淳子

プロローグ

シガー（葉巻）をこよなく愛した金谷鮮治

青山通りから広尾方面に通じる道は、かつて、高度成長期の東京を象徴するような景色だった。青山霊園の鬱蒼《うっそう》たる緑を抜けると、左手に星条旗を掲げたスターズ・アンド・ストライプス社がそびえ、一方通行のままの麻布トンネルを大きく回って六本木通りに出ると、そこが西麻布。ここから六本木の交差点に向かって霞坂を上っていく。左手には天井まで硝子がはめこまれた和泉屋の明るいティールームがあって、界隈のスタイリッシュな大人たちが低めのソファーに身を沈めていた。

坂の右手、赤煉瓦タイルのビルが目に入る。モダン全盛の当時としては珍しく、通りに面した外通路には上部がアール型の白くペイントされた雨除けがあり、二階にはコロニアル様式の真っ白なバルコニーがついている。それはまるで高原のリゾートホテルのようでもあって、界隈の建物とは趣を異にしていた。

この二階に、世にも希なフランス料理で一世を風靡《ふうび》した「西洋膳所《せいようぜんどころ》ジョン・カナヤ麻布《あざぶ》」がオープンしたのは、大阪万博の翌年、一九七一年のことである。

膳所とは、天皇の御厨所《みくりどころ》＝厨房の意味。西洋料理を日本料理の膳として味わうというコンセプトで、料理だけではなく、食事を楽しむ空間そのものを極上に演出したレストランである。

重い木の扉を押し開けると、ヨーロッパの高級レストランを思わせる内装に息を呑む。一六席というこじんまりとした造りながら、壁をおおうのは柾目《まさめ》のローズ・ウッド。毛足の長い絨毯《じゅうたん》を靴底に感じながら店内を進むと、上質のリネンで覆《おお》われたテーブル、背もたれが高いマホガニーの椅子、リモージュのサーヴィスプレートにはロータスに畳まれた真っ白なナプキンが飾られ、ジョージ・ジェンセンのカトラリーとバカラのグラスがセットされ、和紙に包まれた吉野杉の箸が添えられている。

中央のテーブル近く、ワゴンから一瞬青い炎が上がった。「わァッ」小さな歓声。他の客も声のするほうへ目を向けた。デザートに供されるクレープシュゼットのフランベだ。このようなパフォーマンスをする店は、まだどこにもない。ほっそりとした若いシェフが、デザートの説明をしながら取り分けている。

彼は、後に「フレンチの鉄人」と称される坂井宏行。そして、若い彼にシェフを任せ、ヌーベル・キュイジーヌという言葉をまだ誰も知らない日本で、懐石料理のエッセンスを取込んだフランス料理のレストランを創りだした人物こそ、日光金谷ホテル創業者一族の血を受継ぐ伝説のホテルマン金谷鮮治《かなやせんじ》である。

一九六四年（昭和三九）の東京オリンピックを契機として、東京にはヨーロッパ並のフランス料理を供する店が目立つようになった。

敗戦から五年が経った一九五〇年、未だ占領下の東京銀座で「エスコフィエ」と「みかわや」がフランス料理の看板を掲げた。「エスコフィエ」はその名の通り、フランスの巨匠オギュースト・エスコフィエをリスペクトした店で、メニューは彼のレシピに基づいている。一方の「みかわや」は、横浜ニューグランドホテル初代料理長として招かれたサニー・ワイルの弟子・渡仲豊一郎を迎え、満を持しての開店であった。

オリンピックの年には、新橋の「小川軒」が代官山に移転し、本格的なフランス料理店としてリスタートを遂げた。

その三年後には、銀座に「マキシム・ド・パリ」がオープンした。竣工した最新モダニズム建築（蘆原義信《あしはらよしのぶ》／設計）ソニービルの地下という、それまでのレストランの概念からは逸脱したような立地ではあったが、パリ本店を彷彿《ほうふつ》とさせる豪華なインテリアは衝撃的で、「もはや戦後ではない」どころか、そこは「もはや東京でない」景色だった。

西麻布には、構えこそ小さいが文化人のサロンとして他の追従を許さない古参の「龍土軒《りゅうどけん》」があった。乃木希典《のぎまれすけ》御用達と二・二六事件の将校が集ったという歴史に残る老舗である。西麻布の交差点を三田方面に進んだ先には、こじんまりとして家庭的な「勝沼亭」があった。

これらのレストランはどこも、丁寧にとったフォンから作り出される濃厚なソースと上質のバターやクリームが身上のクラシックなメニューを揃えていた。

イタリアンでは、日本で最初のイタリア料理店「アントニオ」や飯倉の「キャンティ」が嗜好されていた時代のこと。ビジュアルでも味でも、日本人の感性に訴えるような美しく繊細なフランス料理はどこにもなかった。

金谷鮮治が創りだした新しいフランス料理は話題をさらった。とりわけ、好奇心旺盛な料理人たちには鮮烈な印象を与えたようだ。

後年、坂井とともに「料理の鉄人」としてその名を馳《は》せた道場六三郎は、「特にオードブルは和と洋の美味しいものを盛り込んだ宝石箱のようだった。それに、盛り付けのセンスといい、色彩感覚といい、今までのフランス料理とは確かに一線を画していて、当時としては、かなりセンセーショナルだった」と語っている。

マスコミや女性誌がこれを見逃すはずもなく、和のエッセンスを取込んだ世にも希なフランス料理店は、上質のグルメたちを虜《とりこ》にしたのだ。

オリンピックを境にして、東京の街は大きく変貌した。それは決して景観だけではない。生活そのもの、嗜好や感性も含めて、新しい何かを求める大きなムーブメントが起こっていた。

そこに彗星のごとく現われた「西洋膳所ジョン・カナヤ麻布」は、既存の概念をくつがえすだけのエネルギーを蓄え、日本におけるレストランの歴史に大きな足跡を残したのである。

金谷鮮治と坂井宏行。この二人なくして実現することはなかった伝説のレストランは、どのような思想と信念に基づいて実現したのかを、二人の足跡をたどりながら解き明かしたいと思う。

第1章　伝説のホテルマン金谷鮮治

金谷鮮治の家族
左より長男 輝雄、妻 玉枝、鮮治、長女 百合子

ホテルマンのルーツ

クラシックホテルの名門、日光金谷ホテル創業者の金谷善一郎《ぜんいちろう》は、金谷鮮治の祖父にあたる。善一郎には、金谷ホテルを継いだ長男眞一、箱根の富士屋ホテルに婿養子に入った次男正造、そして娘の多満《たま》がいた。この多満を原正生《はらまさなり》と娶《め》あわせ、婿養子として金谷家に迎えている。二人の結婚は、一九〇九年（明治四二）一〇月のこと。翌年の一九一〇年八月二十二日、正生と多満夫妻の長男として生を受けたのが鮮治である。

どのような経緯で、正生が金谷家の一員になったかは定かではないが、ホテル経営の重要なポジションを担うひとりとして期待されていたことは間違いない。正生は、ビジネスエリートを育成する山口高等商業学校（現在の山口大学）の出身であったからだ。

高等商業学校とは、第二次世界大戦前の旧制専門学校のうち、商業や商学に関する官立の高等教育機関の総称で、高商《こうしょう》とも呼ばれ、東京高商（現在の一橋大学）、京都高商（現在の京都大学経済学部）に続き、三番目に開校したのが山口高商だった。言うまでもなく、官僚育成を目的とした旧帝国大学に対して、ビジネスエリートを養成するための学校である。一九〇五年（明治三八）の日露戦争勝利による経済の高揚感と相俟って、経済界のトップランナーを目指す若者たちはこぞって高商に進学した時代である。

正生が多満と結婚した一九〇九年は、大正デモクラシー前夜。日清日露の戦勝気分はすでになく、非戦論《ひせんろん》から端を発した民衆運動の胎動が始まった時期に重なる。八月、閣議で韓国併合が決まると、一〇月には朝鮮総督府《そうとくふ》初代総監《そうかん》の伊藤博文がハルピンで凶弾に倒れている。

リゾートホテルの経営においても、維新からの欧化一辺倒から大きく舵を切る時期がきていた。

この二年前、眞一と共にホテルを支えるべき次男正造に婿養子の縁談が持ち上がった。金谷ホテルと共にホテル界をリードしてきた箱根の富士屋ホテル創業者・山口仙之助《せんのすけ》は、美しく聡明《そうめい》な長女孝子の婿に金谷家の次男を望んだ。正造は一七歳でアメリカに渡り、カナダ、イギリスと放浪、ロンドンでは柔道学校まで経営した男である。富士屋ホテルの山口は、正造こそ次代の富士屋ホテルを担うに相応しい人物と確信したに違いない。

もとより奔放な正造は、この縁談が気に入らない。しかし、兄の眞一は「金谷ホテルは規模もまだ小さく、兄弟二人で経営するほどでもない。宮ノ下は、相当遠隔地ではあるが、お前が富士屋ホテルの支配人となれば、金谷を助けることもできよう」と説得した。

かくして正造は、一九〇七年（明治四〇）一二月二八日、一歳年下の孝子と結婚、二五歳で山口家の養子となった。鎌倉への新婚旅行から戻った二人が人力車で箱根路を上って行くと、湯本、塔ノ沢、大平台、宮ノ下と、村中がお祭り騒ぎで出迎えたという(『箱根富士屋ホテル物語』山口由美)。

富士屋ホテルは、あらゆる意味で、箱根という地の憧れであり象徴でもあったことがうかがわれる。

正造を手放した金谷家は、八方手を尽くして眞一を支える人材を探したに違いない。そうして、白羽の矢が立ったのが正生だったと考えられる。

鮮治の一際抜きん出たホテルマンとしての器量は、金谷家の血ばかりでなく、ビジネスマンとしての正生の才によってもたらされたものであることは間違いないだろう。

しかし、正生が金谷ホテルの表舞台に登場するまでには、しばらくの歳月を要する。

日光東照宮の楽師

鮮治の母、多満の周辺を知るために、祖父善一郎について見てみよう。

日光金谷ホテル創業者の金谷善一郎は、黒船でペリーが浦賀沖に現れる前年の一八五二年(嘉永五）、初代の金谷外記忠雄以来、代々日光東照宮に仕える武家で、雅楽の楽師＝伶人《れいじん》の九代目として生を受けた。

江戸幕府終焉の一八六八年（慶応四）は、一月の鳥羽伏見の戦いに始まり、三月には江戸城開城、五月には徳川家達（徳川家一六代）が駿府七〇万石に封じられ、九月には元号が明治と改まった。当然のことながら、金谷家は従来のような東照宮からの扶持を失うことになる。

この年、一六歳になっていた善一郎もまた、自活の道を探らなくてはならない。

善一郎の長男眞一の著作『ホテルと共に七拾五年』（私家版）によれば、東照宮に伶人（笙《しょう》の演奏家）として行事などで出仕することで年に一〇円の手当を得るが、それだけでは到底生活は成り立たず、御番所の宿直《とのい》なども勤めていたという。また、町の授産所のような施設で書記として働き、月給一円七五銭を得ていた。現在の貨幣価値に換算すると、東照宮の手当が年に約二〇万円、書記の月給が約三万五千円になることから、その貧窮は想像に難くない。由緒正しき武家であっても、生業の手立てには限りがあった。

そんな善一郎の前に運命の人が現われたのは、一八七一年（明治四）夏のこと。その人は、日光東照宮を観るためにやってきた、日本語を上手に話す穏やかな様子のアメリカ人だった。

日光に宿がないわけではないが、外国人は珍しく、どこも怖がって彼を受け入れようとはしなかった。困っている彼に声をかけたのが善一郎である。空いた部屋があるからと、善一郎はその外国人を自宅に招き入れた。

ところが、この善意が東照宮の不興をかったと伝わる。事実は詳らかにされていないが、さほど広くない日光の町で、たちまちのうちに噂になったにちがいない。ことによると、東照宮から苦言があったのかもしれない。しかし、善一郎は自らの決断を悔いるような人間ではない。毅然としたその態度は、以後の彼の在りように物語られることになる。

金谷家に投宿したアメリカ人は、ジェームス・カーティス・ヘップバーン（一八一五〜一九一一）＝ヘボン博士だった。善一郎とヘボンの出逢いが、後の金谷ホテルへと繋がっていく。

ヘボン博士

日本の近代にとってヘボンは重要な人物のひとりである。とりわけ英語教育における彼の業績は大きい。彼が編纂した初の和英辞典『和英語林集成』における日本語表示は、現在も使い続けられているヘボン式ローマ字であることは良く知られているが、そればかりでなく、彼の開設した英語塾は、聖書の言葉を借りれば「一粒の麦」になったからだ。

ヘボン家は、スコットランドからアイルランドへ移り、さらにアメリカへ渡った移民の家系で、敬虔《けいけん》なプロテスタントだった。ヘボン自身も聖職者になるべく、神学校を併設するプリンストン大学で教育を受け、その後、ペンシルベニア大学で医学を修めている。海外伝導に強い関心を持つ妻のクララと共に、シンガポール、アモイ（中国福建省）と訪れた後、ニューヨークで医師として活動するが、それまでに夫妻は不幸にして五人の子供を病で失っている。

アメリカが幕府と一八五八年に日米修好通商条約を締結したことを知ると、失意の夫妻は新天地を求めて日本行きを決意。唯一の息子を知人に託し、一八五九年（安政六）神奈川に降り立った。

この年の十月、アメリカ渡航を企てた吉田松陰が処刑され、さらに翌年三月には桜田門外の変が起こっていることを考えれば、日本がいかなる時代であったか容易に想像できよう。列強の脅威と攘夷の気運に、幕藩体制は混乱を極めていた。

キリスト教の布教は依然として禁じられていたが、夫妻は英語教育と衛生の普及をめざし、まだ寒村だった横浜村の成仏寺（浄土宗）本堂を住まいとし、ささやかな塾と施療所を営み始めた。言うまでもなく、診察・施療は無料で行っていた。

寺というと奇異に感じるかもしれないが、小さな漁村であった横浜村に宿はなく、したがって大きな寺が外国人の施設や宿舎にあてられていたのである。

貧しい漁村の衛生状況は劣悪を極めており、噂を聞きつけ治療を願う人が多くなったために、一八六一年（文久元）空寺となっていた近くの宗興寺（現在は曹洞宗）に施療所を移し医療活動に専念するようになる。この施療所は幕府からの命令によって半年程で閉鎖を余儀なくされるが、この間、延べ三五〇〇人の患者を治療したという記録が残っている（ニューヨークミッション本部宛のヘボンの書簡より）。

当時、成仏寺には多くの宣教師たちが滞在していた。成仏寺から宗興寺までは海に注ぐ滝ノ川に沿って徒歩で五分ほど。一帯は寺町で、黒い服に身を包んだ宣教師たちが海風に吹かれながらそぞろ歩いた姿が思い浮かぶ。

患者の八割までが眼病だったことから、当時の歴史を物語る名残として、いまも宗興寺には、ヘボンが眼病治療に使ったという井戸と彼の業績を讃える碑が残っている。

一八六二年（文久二）一二月、夫妻は横浜の外国人居留地に移り、ここに新たな施療所とヘボン塾を開設した。一八七〇年（明治三）女性宣教師メアリー・E・ギダーがヘボン塾を引き継ぎ、やがて女子のクラスを独立、五年後には山手に校舎を新設してフェリス・セミナリーと名付けた。これが後のフェリス女学院に発展する。また、一八七七年（明治一〇）に築地の外国人居留地に開設されたプロテスタントの東京一致神学校と、一八八〇年（明治一三）築地に移転したヘボン塾が母体となり、一八八六年（明治一九）には明治学院が発足。翌八七年、白金にキャンパスを開校し、翌八八年にはヘボンが初代総理に就任している。

「一粒の麦、もし地に落ちて死なずば、ただ一つにてあらん。死なば多くの実を結ぶべし」（『ヨハネ伝』第一二章二四節）。その言葉の通り、その結実は、現在の英語教育にまで連綿と受継がれていることがわかる。

善一郎は、息子の眞一と正造を一八七四年（明治七）築地の外国人居留地に開校した立教学校（後の立教大学）へ進学させている。そして多満もまた、鮮治、正二、三郎の三人の息子を、いずれも立教へ進学させている。立教学校は、アメリカ聖公会の宣教師チャニング・ムーア・ウィリアムズによって聖書と英学を教える場として開かれた私塾であった。

善一郎も多満も、ホテル経営における英語の必要性を熟知しての判断であろうが、その根底には、ヘボンの人柄に感銘を受けた善一郎が、近代日本の男子教育において、キリスト教の教養が必要であることを感じたからだと考えられる。

鮮治のレストランは、「ジョン」と冠してある。これは、鮮治の洗礼名である。彼が目指したホスピタリティには、祖父善一郎が心を寄せた宣教師であり医師であるヘボンに対する限りない敬意がこめられているように思えてならない。

侍屋敷

ヘボンが妻のクララを伴い、再び日光の善一郎のもとを訪れたのは一八七三年（明治六）六月のことだった。善一郎二三歳、鹿沼の竹澤から嫁いで来た妻ハナは一七歳だった。そしてその夏、ヘボン夫妻は宿泊料を支払って善一郎の家で過ごすことになる。これが金谷ホテルの前身である金谷カテッジインのスタートとなった。

ヘボンはこの時、将来、日光が外国人の避暑地となることを見据えて、外国人旅行者に宿を提供することを提案したと考えられている。外国人にとって極めて魅力的な江戸時代の建物と善一郎の清々しい人柄は、ヘボンにそう思わせるには充分だったはずである。さもなければ、彼は再び善一郎のもとを訪ねたりはしなかっただろう。加えて、若い夫婦が生活に窮しているのを目の当りにして、彼らをなんとか励まし、助けたかったのではなかろうか。ヘボン夫妻は、ひとり息子を友人に託し本国に残していた。息子と同じ年頃の善一郎にシンパシーを抱いたとしても不思議ではない。

翌一八七四年（明治七）になると、外国人の内地旅行規則が制定され、外国人の旅行が自由化する。これを契機として、いよいよ金谷カテッジインの時代が始まった。

金谷の住まいは、東照宮から拝領した江戸時代の武家屋敷である。典型的な和風数寄屋建築の二階建で、居室は畳敷きに床の間が設えられ、台所は土間で竃《かまど》が並んでいた（二〇一四年国の登録有形文化財）。以後、評判を聞きつけた外国人が訪れるようになると、美しく繊細な日本的エキゾチシズムに満ちた空間は、彼らの間でサムライ・ハウスとかサムライ・ヤシキと呼ばれて愛された。

『日本奥地紀行』の著者イザベラ・バード（当時四七歳）が日光を訪れ、金谷カテッジインに泊まったのは、一八七八年（明治一一）六月のことである。

この時、善一郎の妻ハナは身重で、その翌年の一八七九年（明治一二）に長男眞一が生まれている。さらに三年後の一八八二年（明治一五）次男正造が生まれる。彼らは多満の二人の兄、鮮治の伯父である。

カテッジインを支える兄弟が誕生した時代は、明治政府が列強と肩を並べるべく急速な欧化政策が行なわれ、一八八三年（明治一六）には外務卿井上馨の肝いりで鹿鳴館が竣工、中央の政界では、舞踏会やバザーといった形ばかりの奇異な欧化が繰り広げられていた。その一方で、栃木の山深い日光の地では、西欧文化との真の交流が、少しずつではあるが着実に進んでいたのである。

鮮治の母多満が生まれたのは、イザベラ・バードが日光を訪れたさらに一〇年後の一八八八年（明治二一）のことである。

鉄道とホテル

日光は天平時代以来、修験道の山である。そこに東照大権現の霊廟が創られ、江戸期を通じて信仰の町ではあったが、観光の、それも外国人が好んで訪れるような地になるとは、誰も想像していなかった。

東京から日光までは馬車で三日。したがって避暑に訪れるのはごく一部の特別な外国人で、世にも珍しい東照宮を拝観し、宗教都市ならではの空気感を愉しみ、何より東京や横浜にはない高原の涼しさに癒されるのが目的だった。

イザベラ・バードも金谷家から送った「第八信」の中で、「すでに九日間滞在し、結構！という言葉を使う資格がある」と書いている。華麗な建築と緑深い自然、それを取り巻く東洋のエキゾチズムは、好奇心旺盛な外国人の心を魅了したことがうかがわれる。

やがて一八九一年（明治二四）日本鉄道日光線が宇都宮から日光まで開通すると、東京の上野から日光までは五時間で繋がり、日光を訪れる外国人は激増した。

これを受けて、外国人を宿泊させるホテルが増え、やがてホテル間の競争も激しさを増していた。なかには工事途中で資金が底をつき、放り出される物件もあった。そのなかのひとつに、日光駅からは徒歩で二〇分程上がった東照宮に近い上鉢石町に工事途中で放置されたままになっていた三角《みかど》ホテルがあった。善一郎は、旧友で小林銀行の頭取でもあった小林年保から融資を受け、これを買い取って木造二階建て三〇室の本格的な西洋式の日光金谷ホテルを開業した。このあたりの事情については、前掲の『ホテルと共に七拾五年』に詳しい。

日清戦争前夜の一八九三年（明治二六）のことである。

イザベラ・バードの「第十信」には、「金谷さんはお金がないと言って嘆く。彼は金持ちになって外人用のホテルを建設したいと思っている」とある。バードの滞在はカテッジ開業から間もない頃のこと。若い善一郎は、旅人が外国人の、それも年上の女性であったことに心を許し、正直な心情を吐露したのだろうが、おそらくは、楽師の職を辞すべき時期を考え続けていたように思う。

日光金谷ホテル開業の四年前、一八八九年（明治二二）彼は東照宮への出仕を辞している。それは、鮮治の母・長女多満が生まれた年のことでもあった。何事にも誠実な善一郎は、ホテル業が片手間でできるような安易な仕事ではないことを充分に承知していて、その時期が到来したと確信したのだろう。

ところが、その二年後の一八九一年（明治二四）五月、善一郎を思わぬ不幸が襲う。妻ハナが病を得て三五歳の若さで逝った。苦労続きではあっても、日光におけるホテル経営に将来性を見出し、粉骨砕身の努力を惜しまなかった善一郎にとって、妻ハナの死はあまりにも過酷だった。しかし、善一郎に迷っている暇はなかった。一二歳の眞一、九歳の正造、未だ幼い三歳の多満を抱えて、ただ前のみを見て進むしか道はなかった。

ハナを送った翌年の九月、善一郎は、日光小学校高等科を卒業した長男眞一をホテル経営の後継者として育てるため、築地の立教学校へ入学させた。さらに、師走には三角ホテルを買い取り、一家で新しいホテルの敷地へ転居を果たしている。

やがて次男の正造も立教学校へ進み、兄弟が築地の寄宿舎で生活するようになると、善一郎のもとには、ただひとり五歳の多満が残された。

善一郎が後添えのサトを真岡の神保家から迎えた時期は不明だが、東奔西走する父親の傍らで、幼い少女がどのような日々を送っていたのかは想像に難《かた》くない。

湖畔の大使館

明治二十年代、現在のいろは坂の原型である新道が整備された。それまでは徒歩か山籠で登るしかなかった中禅寺坂という修験者の道を、人力車で上がれるようになっていた。そのため、東照宮界隈の混雑を嫌って、中禅寺湖畔へ足を伸ばす外国人も増えていた。

早くから、イタリア大使館は湖の南東に別荘を構えた。詳細な年代は不明だが、明治二〇年代のことと思われる。

当時の建物はすでにないが、一九二八年（昭和三）アントニン・レーモンド設計の建物が今も残る。日光の杉を市松模様に組んだ外壁と杉皮を網代に組んだ中央ホールの天井が美しい木造二階建てで、レーモンドの卓越したデザイン力と地元の職人技が見事なコラボレーションを完結させている。

旧イタリア大使館別荘に隣接するのは、駐日公使のアーネスト・サトウが一八九六年（明治二九）に建てたプライベートな山荘で、この建物は後に英国大使館別荘になった。

中禅寺湖の景色はスコットランドの湖水地方に似ていることから、とりわけイギリス人に好まれ、ここで鱒釣りを楽しむ外国人も多く、武器商人として幕末に暗躍したトーマス・グラバーも、晩年、故国スコットランドを偲んで中禅寺湖を訪れたという。

中禅寺湖畔の避暑地ホテルでは、金谷ホテル開業翌年の一八九四年（明治二七）に創業したレーキサイドホテル（現・日光レークサイドホテル。二〇一六年よりリニューアルのため休業）が古い。このレーキサイドホテルは、金谷ホテルの経営ではなかったが、金谷流のホスピタリティをもって避暑地の外国人に接したことで、中禅寺湖では他の追従を許さなかった。

金谷流ホスピタリティの訳は、その創業者夫妻にあった。

善一郎の兄・八木澤雅楽《うた》の紹介で、渡米経験のある坂巻正太郎が金谷カテッジインに務めるようになったのは、一八九〇年（明治二三）のことである。サンフランシスコでホテル業を学んでいたことから、通訳兼支配人として、また眞一、正造兄弟の実践英語の師として、カテッジインには欠かせない存在だった。

三年後、金谷ホテルが開業すると、それにあわせて坂巻は円満退社し、輪王寺から湖畔の一万坪に及ぶ土地を借り受け、独立してレーキサイドホテルを開業したのである。

そして、彼の妻は、カテッジインを手伝っていた善一郎の姪・包子《かねこ》（申橋《さるはし》家に嫁いだ善一郎の姉・せんの娘）なのである（『金谷カテッジイン物語』申橋弘之）。

金谷ホテルの伝統は、こうして中禅寺湖畔のホテルにも引き継がれていった。

善一郎も中禅寺湖へは早くから注目していたが、中禅寺湖畔に日光観光ホテル（現在の中禅寺金谷ホテル）を開業するのは、眞一の代、昭和に入ってからである（一九四〇年）。

母の家族

多満の父・善一郎には、志げ、とら、せんの三人の姉がいたことは金谷家系図から知れる。イザベラ・バードの旅行記に登場する「金谷さんの妹」は、バードの勘違いで、善一郎の末の姉・せんのことである。せんは、すでに中橋家に嫁いでいたが、夫の勇七が東京府に勤務しており、善一郎の妻ハナが病弱だったこともあって、二人の娘を伴って実家を手伝っていた。せんの娘の包子は、後に、前掲の坂巻正太郎の妻になっている。

ハナ亡き後、包子が家事一切を任されていたとある（『森と湖の館』常磐新平）ことから、三歳で母を失った少女多満にとって、包子は姉であり母であったはずである。その包子も、やがて夫の坂巻と共に中禅寺湖へと移っていった。

そんな多満のもとに、一八九六年（明治二九）、一七歳になった長兄の眞一が立教学校を卒業して日光に帰って来た。本格的に父の仕事を支えるためである。

眞一は父親に似て真面目な青年だった。立教学校で受けた聖公会の教育により、その正義感や誠実さはますます強いものになったようで、父の指示で借金の申し込みに行く時でさえ、後ろめたさを感じていたという（『ホテルと共に七拾五年』）。

一方、眞一と共に立教学校の寄宿舎に入っていた正造は、胃腸病が元の長期欠席が原因で落第してしまった。下級生と机を並べるのがおもしろくないと、ついには渡米を思いつく。

もとより次男坊らしく奔放な性格の正造のこと、猛反対する父・善一郎の説得に応じる気配もない。困った善一郎は鹿沼の弟・大島九兵衛に相談したところ、逆に背中を押され、ついに正造は海を渡ることになった。一八九九年（明治三二）のことである。

正造は、奔放ではあるが抜け目のない性格で、働きながらサンフランシスコ、バンクーバー、ロンドンと移り住み、ついには我流の柔術教師で生計を立てるまでになり、ロンドンでは英国人女性と恋もして結婚を決意し、善一郎をたいそう悩ませた。この女性は、下宿を営む家の娘でノラといい、黒髪に茶色の目をしていたという。夢中になった正造は、父の善一郎に許しを乞う手紙を出すが、さすがに結婚は許されるはずもなく、（『箱根富士屋ホテル物語』山口由美）、八年間におよぶ無頼の生活を切り上げて神戸港に降り立ったのは、一九〇七年（明治四〇）のことだった。

この時、善一郎と多満は神戸で正造を出迎え、家族三人で京都から伊勢神宮へと旅をしている。久しく離れて暮らした正造がどのような青年になっているのか善一郎は見極めたかったのかもしれない（『森と湖の館』常盤新平）。

正造の帰国は、多満にとって、心強い味方を得たような喜びだったように思う。すでに父には後妻が嫁いでおり、幼い弟妹が生まれている。二人の兄と共に生活する日が来ることを、どれほど待ち望んでいただろう。強く逞《たくま》しくなっていた正造を仰ぎ見ながら、多満は幸せだったに違いない。


一九二二年（大正一一）九月、部分完成した帝国ホテルライト館屋上で、当時の会長大倉喜八郎らとフレームに収まっている眞一と正造の写真がある。取締役となった二人が帝国ホテルのブレインとして期待されていたことの証しである。

二人共に羽織袴でコールマン髭を蓄えたその容貌は、まるで双児のようにそっくりだ。後年、眞一は髭を剃り落すが、正造は晩年まで髭をことのほか愛し、ベッドに就く時は髭を袋に入れていたという。

慎重で実直な長兄眞一、豪胆でエネルギッシュな次兄正造、いずれも多満にとって自慢の兄であったことは疑う余地もない。

鬼怒川へ

一九二九年（昭和四）浅草、日光間に東武鉄道が開通した。

東武鉄道総帥の根津嘉一郎は、この鉄道の先にホテルを構想していた。つまり、終点の鬼怒川に東武鉄道の出資によるホテルを建設し、金谷ホテルの支店として経営するという計画である。未だ手つかずの鬼怒川温泉は湯量も豊富で、風光明媚である。金谷ホテルのノウハウをもってすれば、日光のその先まで多くの観光客を呼び込むことができ、それはすなわち、東武鉄道の繁栄につながると考えたのだ。

ここに、鉄道とホテルが共に手を携え、鬼怒川という古くからある温泉地を核として、新たなリゾートの形を構築する時代が始まろうとしていた。

鬼怒川温泉は、古くは滝温泉と呼ばれ、一七五二年（宝暦二）に発見されたが、日光の社寺領であったため、東照宮に参詣する大名や僧侶だけが利用していた。明治になってから一般に公開されたが、温泉旅館が五軒ほどの鄙《ひな》びた温泉地にすぎず、当時は下滝《しもたき》と呼ばれていた。この遠隔地に鉄道を敷くという大事業は、古河市兵衛による足尾銅山採掘に端を発している。

江戸に幕府が開かれて間もない一六一〇年（慶長一五）二人の農民が銅の鉱床を発見する。幕府はさっそくこれを直轄鉱山とし、本格的な採掘が始まった。やがて足尾は「足尾千軒」といわれるほどに繁栄した。しかし、時を経て採掘量は激減し、幕末から明治にかけては閉山状態だった。一八七七年（明治一〇）、破格の価格で払い下げを受けた古河市兵衛は、一八八一年と八四年に再び銅の大鉱脈を探し当て、古河本店（現・古河機械金属）を興して本格的な採掘、精銅を開始した。これより日本の銅産出量は古河本店の独壇場となる。

精銅の電力を賄うために、古河は一八九〇年（明治二三）足尾町に欧米の最新技術を導入した間藤発電所（日本で三番目）を、さらに一九〇六年（明治三九）には日光町に細尾第一発電所、一九一〇年（明治四三）細尾第二発電所を建設、稼働させた。主な水源は、華厳滝の直下から取水する中禅寺湖の水を用いた。

やがて、さらに大規模な鬼怒川電機下滝発電所を建設するため、一九一七年（大正六）その資材を運搬する下野《しもつけ》軌道（大谷川北岸から鬼怒川南岸を結ぶ）が敷かれた。これが後の下野電気鉄道である。

根津は、発電所の設置によって鬼怒川の水位が下がり、沿線に新しい温泉が発見されたのを見て、下野鉄道を買収、東武鬼怒川線とした。一九一五年（大正四）のことである。

言うまでもなく、足尾銅山の発展は日本最初の公害事件でもある足尾鉱毒事件を生んだ。自由民権運動から衆議院議員となった地元の田中正造が精力的に環境破壊を訴え、明治天皇に直訴したことはよく知られている。政府は谷中村を潰して渡良瀬《わたらせ》遊水池を作り汚染の改善を図ったが、被害はいっこうに収まらないままであった。

一方で負の遺産を残しながらも、未だ手つかずであった鬼怒川には、観光という大きな期待が寄せられた。東武鬼怒川線の終点、渓谷をのぞむ絶景の地に東武鉄道が計画したのは、日本人のリゾート客をターゲットとした高級ホテルだったのである。

根津からすべてを任された眞一は、鮮治の両親、正生と多満に経営を任せた。ここに、現在に至る鬼怒川温泉ホテルの礎が築かれることになった。

一九三一年（昭和六）三月二十二日、満を持して鬼怒川温泉ホテルがオープンした。

エントランスは帝国ホテルのライト館を思わせる大谷石積みで、建物全体を覆う朱の瓦は、近代西洋建築そのものの威容を呈していた。金谷ホテルさながら、談話室には暖炉があり、毛足の長い絨毯《じゅうたん》に椅子とテーブルが設えられた。洋食をメニューに加えたバーやグリルでは、金谷ホテルの味が提供された。豊富に湧き出す天然温泉を生かした数々の浴場のほか、巨大な温泉大プールは、当時の人々に驚きをもって迎えられた。他にも、ダンスホールにビリヤード場と、最高級のリゾート空間が創りだされ、洋風の温泉ホテルという、和洋折衷のアンビバレンツな魅力に充ちた深山の桃源郷として、訪れる人々に優雅で贅沢な時間を演出した。

開業当時の宿泊料金はひとり五円から八円と高額で、旧華族や皇族の利用が多く、庶民にとって高嶺の花ではあったが、鬼怒川に新しい温泉リゾートを提案するという根津のコンセプトを象徴する存在として異彩を放っていた。

この年、東京では、百貨店の浅草松屋が東武鉄道雷門駅と共にオープンしている。浅草では、ボードビリアンのエノケンこと榎本健一と二村定一《ふたむらていいち》がふたりで座長を務める「ピエル・ブリヤント」が新装なった浅草のオペラ館（一九〇九年創業）で旗揚げし、新宿の角筈《つのはず》には、大衆劇場のムーラン・ルージュが開場した。ハンフリー・ボガード主演の『モロッコ』が封切りされ、長谷川伸の小説『瞼の母』が新国劇の舞台で初演されたのも、この年のこと。関東大震災（一九二三年九月一日）からようやく復興した東京には、享楽を求める空気が充ちていた。

その一方で、九月十八日には関東軍が奉天郊外の柳条湖で南満州鉄道を爆破し、満州事変勃発の引き金を引いている。

大正デモクラシーの残り香と迫り来る戦争の兆しとの狭間の、束の間の平和が日本にあった時代のことである。

鬼怒川温泉ホテル　初期のレストラン

鬼怒川温泉ホテル 別館　コージーコーナー（憩いのスペース）

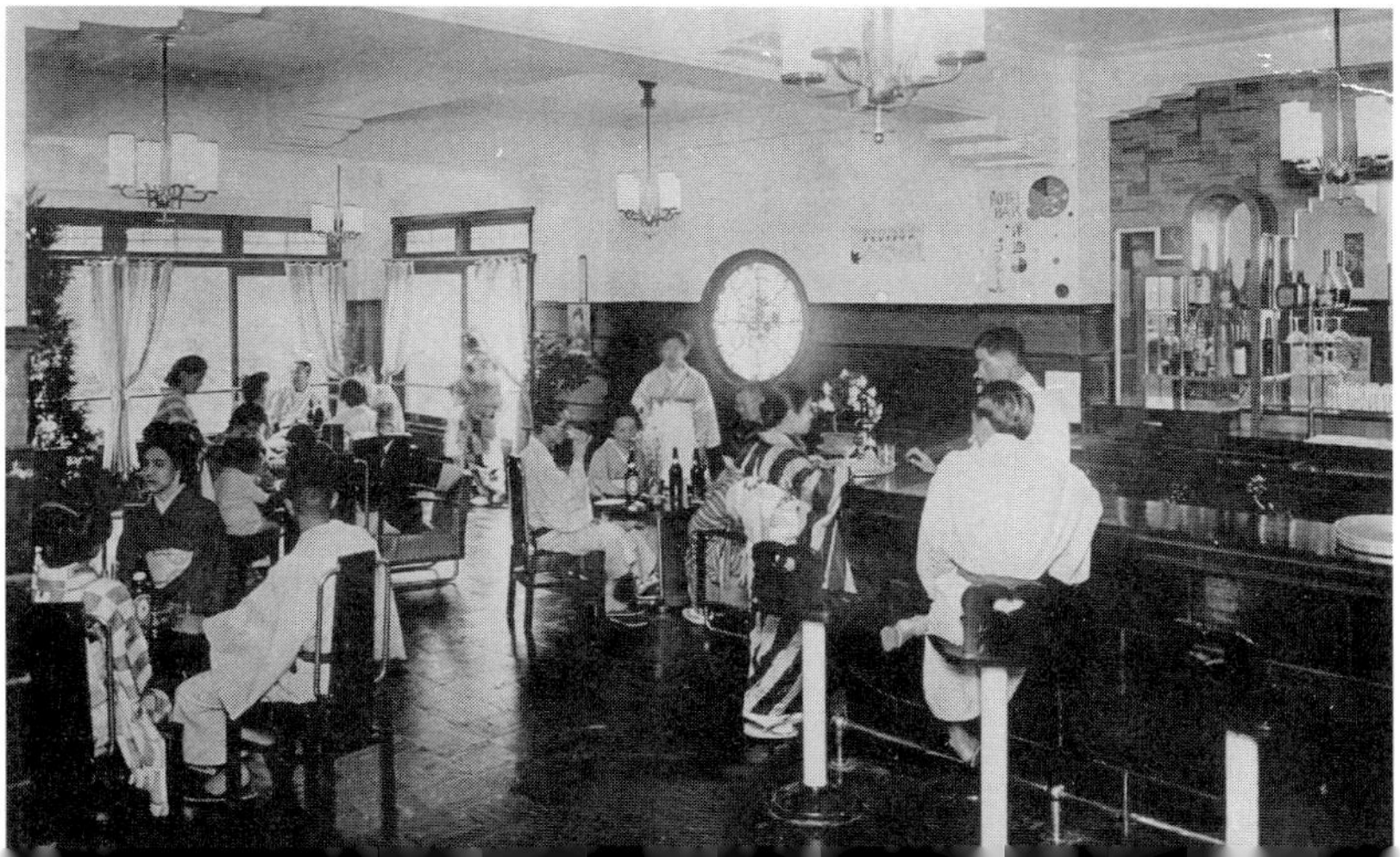

鬼怒川温泉ホテル　初期の談話室

鬼怒川温泉ホテル　温泉大プール

西片町

時計の針を、鮮治の少年時代に戻してみよう。

「西洋膳所ジョン・カナヤ麻布」の顧客リストに、鮮治の母校文京区西片町《にしかたまち》の誠之《せいし》小学校同窓会名簿があった。オープニングの挨拶状はもとより、卒業生の誕生日には、お一人様分をサーヴィスするバースデイカードを発送するなど、販売促進の一環として、この名簿が利用されていた。

一九五七年（昭和三二）から二〇一〇年（平成二二）まで鬼怒川温泉ホテルに奉職した今井宏によれば、日光金谷ホテルに電気係として勤めていた佐藤廣吉が、鮮治を地元の日光小学校へ送迎したと証言している。したがって、幼い頃の鮮治は地元で過ごしていたが、ある時期から、東京の誠之小学校へ通うために、学校のある東京府文京区西片町へ転じたと思われる。

西片町は、日米和親条約（一八五四年）を締結した老中・阿部正弘を輩出した備後福山藩（現在の広島県）阿部家の江戸藩邸跡に、明治になってから造られた町である。彼の地に一八七五年（明治八）公立小学校の誠之小学校が開校する。福山藩校の誠之館にちなんで誠之小学校と命名され、その校是もまた、誠之館と同じく「誠之人道」であった。

鮮治が通っていた頃の誠之小学校は、一高から東大を目指す名門の子弟が多く、公立ながら、なかには越境して入学する者もいる名門小学校であった。また福山藩は鮮治の父・正生の故郷でもある。正生の家系には誠之館に学んだ者が少なからずいたのだろう。正生と多満は、次代のホテル経営を託す長男の鮮治に、学力においても精神においても、幼い頃から最高の教育をさせようと考えたに違いない。当時の素封家《そほうか》がそうしていたように、身の回りの世話をする乳母と男衆《おとこし》をつけての借家住まいだったと思われる。

正生につながる原家ゆかりの人物が東京に在住しており、その人物が鮮治の後見だった可能性もあるだろう。あるいは、多満の伯母・串橋せんの夫・勇七が東京府に勤めていたことがわかっているので、その人物が後見だったのかもしれない。

誠之小学校を卒業すると、鮮治は文京区に開校（一九二三年）したばかりの旧制本郷中学校へ進んでいる。

鬼怒川温泉ホテル開業の三年後、一九三四年（昭和九）鮮治は立教大学商学部を卒業し、伯父・正造の富士屋ホテルへ就職。ホテルマンとしての修業をスタートさせた。この時、正生の発案で、後年、鮮治の片腕として鬼怒川温泉ホテルの総支配人を長く務める藤岡充夫《みつお》を、鮮治と共に正造のもとへ修業に出している。愛息の鮮治ばかりでなく、彼を支える大番頭も、共に育てようという考えだったことがわかる。

当時の正造は、妻の孝子とすでに離婚（一九二六年四月）し、孤独の中でホテル経営に全身全霊を傾けていた時期に重なる。とりわけ建築に興味を持っていた正造は、宴会場から庭の滝が見えるように改修し「キャスケードルーム」と命名、現在もホテルのシンボルになっている花御殿「フラワー・パレス」を自ら計画・設計していた最中である。これより富士屋ホテルは、その全盛期を迎えるのである。

後日、鮮治は、「ここで、ホテルマンのなんたるかを徹底的に叩き込まれた」と語っている。

正生と多満は、鮮治を頭に、一九一三年（大正二）生まれの正二と一九一四年（大正三）生まれの三郎を授かった。

兄弟は三人共に伯父たちと同じく立教大学へ進み、日光で育った子どもらしく、幼少期よりスケートに親しんだ。金谷ホテルにはスケートリンクがあったからだ。彼らはいずれもアイスホッケーの選手として活躍し、立教大学時代は「金谷三兄弟」としてその名を馳せた。

次男の正二と三男の三郎が、東京の小学校へ通った記録はみつからない。

正二は、立教大学卒業後、北海道炭礦汽船株式会社（以下、通称の北炭に統一）に就職。政商と呼ばれた社長の萩原吉太郎（一九〇二〜二〇〇一）の秘書を長く務めた。

三男の三郎は、実子に恵まれなかった山口正造の養子となり、富士屋ホテルの一員となっている。鮮治の兄弟は共に、それぞれが異なるステージで、その人生を歩むことになった。

富貴観音の奇跡

現在、鬼怒川温泉ホテルの玄関脇に小さな祠《ほこら》があり富貴観音像が祀られている。一九三八年（昭和一三）五月、鮮治の父・正生が浅草で求め、ホテルの守りとして祀ったものである。

富貴《ふうき》観音は魚藍《ぎょらん》観音ともいわれ、美しい女性の姿をしている。中国故事によれば、法華経を広めるために魚を売る女の姿をして現われた観世音菩薩で、邪悪な鬼や毒蛇に遭遇しても、この観音を念ずれば、たちまち災害を無くして身を守ってくれると信じられている。

観音菩薩の功徳があきらかになったのは、それから間もなくのことだった。その年、ホテルの厨房から出火、折からの乾いた強風に煽《あお》られ、火は瞬く間に広がってホテルを焼き尽くしてしまった。開業から未だ七年しか経っていない、ほぼ新築の建物すべてが灰塵《かいじん》に帰すという大惨事に見舞われたのだ。

ところが、負傷者はもちろん、死者も出なかった。これだけの大火災においては奇跡である。この奇跡は、富貴観音の功徳に違いないと誰もが信じて疑わなかった。

その後、ホテルは自力で再建を果たし、二年後の一九四〇年（昭和一五）近代感覚を取り入れた三階建ての建築にリニューアルして営業を再開した。

失火の原因を突き止められなかったこともあり、当時は放火説も噂されたが、詳細は不明のままである。

これには後日談がある。一九五三年（昭和二八）鮮治が正生から社長を引き継ぎ、ホテルの経営に関わるようになって四年。「もはや戦後ではない」を合い言葉に、敗戦後の日本が復興に邁進していた一九五七年（昭和三二）五月のこと、ホテルの厨房から出火し、火は瞬く間に燃え広がった。避難しきれない人がいないか必死で見回っていた鮮治の耳に、女性の声が聞こえた。「まだ誰かいる……」声は、まだ火がまわっていない棟からだったので、鮮治は救出のために奥へ進んでいった。すると、そこに女性の姿はなく、富貴観音が佇《たたず》んでいたという。

この火事を契機に鬼怒川温泉ホテルに勤務することになった今井宏は、火事の現場で見た鮮治の様子を鮮明に記憶していた。

当時、春から東京の会社に就職して間もなかった今井は、通勤の市電の中でホテルの火事を知った。一旦は出社したものの、ホテルの様子がどうにも気になり、会社に許しを得て駆けつけると、焼きねぎを包んだガーゼ（喉の痛みを和らげる民間療法）を首に巻き、声をからして陣頭指揮をとる鮮治の気迫溢れる姿があったという。

この年の秋、今井は鮮治のもとで働くことを決意している。

この二度目の火災でも、負傷者も死者も出なかった。まさに二度の奇跡が起こったことになる。富貴観音のおかげと信じられ、観音像はいまも、ホテルの正面脇に据えられた祠におさめられ、丁重に祀《まつ》られている。

戦時下のホテル

鮮治が大学卒業を控えた一九三六年（昭和一一）の二月二六日、東京は大雪に見舞われた。その日、陸軍皇道派の青年将校が一四三八名の兵隊を率いてクーデターを計画、首相官邸のある三宅坂から永田町一帯を占拠し、齋藤実内大臣、高橋是清蔵相、渡辺錠太郎教育総監らを殺害、鈴木貫太郎侍従長に重傷を負わせた。世にいう「二・二六」事件である。クーデターは未遂に終わったが、以後、陸軍統制派が勢力を増し、政治的発言を強くする。

翌一九三七年(昭和一二)七月七日、北京南西の盧溝橋で日本軍が中国国民革命軍と衝突。この「盧溝橋事件」によって、日中間の戦争は避けられない状況に陥った。

軍部の独走に歯止めをかけることは、もはや不可能だった。一九四〇年(昭和一五)に開催が予定されていた東京オリンピックが幻と消えたのは、致し方ないことだった。

鬼怒川温泉ホテルで長く経理の仕事に携わっていた竹末経男《たけすえのりお》は、現在、戦時中のホテルを知る唯一の人物である。地元の旧制今市《いまいち》中学校(現・今市高等学校)を卒業後上京、就職したが、三年後には実家に戻り、鬼怒川温泉ホテルに再就職し、六九歳まで奉職した。

幼い頃、ホテルの敷地は村の子どもたちの遊び場で、ホテルの裏にあった物資運搬用のトロッコに乗っていたずらをしたという。その頃に見た多満は、「白髪だけれども、お嬢さまという感じの人」だったという。

古河電気製銅所が軍需工場として軍に接収されたために、ホテルは工場を監督する軍人と勤労奉仕の中学生が寝泊まりする宿舎になった。そのため、軍主宰の演芸会が宴会場で開催されることがあり、界隈の住民も招かれた。どのような出し物だったかは覚えていないが、子どもたちも見物に行ったという。

工場を監督する二人の将校は、家族を伴っての駐在だった。地元の旧家である竹末の家は、居室の提供を申し渡された。二階に十畳の座敷が二部屋あったので、ここに二家族の妻子が暮らすことになった。軍人の食事はホテルで賄われるが、家族は二階に七輪を持ち込んで調理していたという。

また日光金谷ホテルも、一九四三年（昭和一八）には女子挺身隊の宿舎となり、翌年には、学習院初等科の疎開先となっている。ホテルは、もはやホテルではなくなっていた。

中学生にまで勤労動員が広がったのは、学徒動員体制確立要綱が閣議決定（一九四三年）してからのことである。それまでも、夏期休暇などの長期休暇を勤労奉仕にあてるということはあったが、宿泊施設から工場へ通うということが始まったのは、敗戦の色が濃厚となった時期と重なる。女子挺身隊が組織され、風船爆弾工場に女子学生が動員されたのも、この頃からである。

この年の十月二一日、降りしきる秋雨の中、明治神宮外苑競技場で挙行された学徒出陣壮行会の記録映像は、悲愴な光景を克明に伝えている。

日中戦争拡大の影響で、どこのホテルであっても外国人利用者は激減し、宴会業務も自粛の傾

戦時色が濃くなる前のホテル従業員。男性は国民服だが、女性はまだ着物姿
前列中央左に正生、右に多満

軍需工場で勤労奉仕をする学生と監督官の宿舎となった（1944年6月24日撮影）

向にあった。

一九四〇年代始め、鮮治は帝国ホテルに移り、それからほどなくして、神田で羅紗《らしゃ》問屋の橘商店を営む立花重次郎の娘・玉枝と結婚した。

鮮治と玉枝の出会いはスケートリンクだったという。立教時代、アイスホッケーの選手として活躍し一斉を風靡した鮮治の勇姿が、玉枝の心に恋心を抱かせたことは容易に想像できよう。

そして、日本軍が南方に進軍していた最中の一九四二年（昭和一七）、鮮治と玉枝に待望の長男輝雄が誕生した。

ところが、新婚間もない鮮治に召集令状が届く。鮮治はすぐさま陸軍に入隊。伊豆七島の大島に駐屯することになった。


陸軍は、一九四四年（昭和一九）、小笠原へ物資を輸送するための軍事飛行場と送受信所を大島に設置した。龍王崎灯台には鉄砲場が作られ、波浮《はぶ》港は魚雷艇特攻隊の中間基地となった。この時期、大島には島民とほぼ同じ人数の日本軍が駐留していたという。鮮治もその中にいた。

「ホテル生まれだから料理ができるだろう」という理由で、鮮治は厨房を担当する炊事兵に推された。

軍部の食事は、一般庶民から見るとかなりのご馳走だった。

明治時代のことだが、「天皇の料理番」であった秋山徳三が、実家の使いで福井県鯖江市にあった陸軍三十六連隊を訪ねた時、初めて見たカツレツに衝撃を受け、後に料理人を目指すきっかけになったという。ちなみに、鯖江の連隊では「聯隊《れんたい》カレエ」(カッカレー)なる人気のメニューがあったようだ。

海軍のカレーライスしかり(現在でも海上自衛隊では金曜日はカレーライスが供される伝統がある)。一九一〇年(明治四三)に大日本帝国陸軍が配布した『軍隊料理法』には、「カレーライス」や「カツレツ」のレシピが掲載されていて、体力を重要視する軍隊では、庶民には珍しい洋食が供されていたことがわかる。

大島の島内で調達できる食材には限りがあっただろうが、臓物などを調理できる兵隊は皆無に等しく、鮮治が腕をふるっていたようだ。敗戦間際の時期であっても、鮮治は飢えることがなかったという。

やがて、大島にもサイパンからB29が飛来するようになり、グラマンが襲って来た。焼夷弾こそ落とされなかったが、機銃掃射での攻撃が続くようになった。

敗戦がすぐそこまで迫っていた一九四五年(昭和二〇)三月一〇日、東京の空は燃えた。東京大空襲である。遠く大島からも、絶え間ない爆音の下で燃え上がる紅蓮《ぐれん》の炎が克明に見えたという。燃えゆく東京を、鮮治もまた眺めていたはずである。

敗戦と共に、全国の名立たるホテル七〇以上が進駐軍に接収された。

一九四五年八月三〇日、連合軍総指令官ダグラス・マッカーサーは厚木飛行場に降り立ち、声明文を読み上げると、すぐさま横浜のホテルニューグランドに直行し、三日間滞在して執務にあたった。

余談だが、ホテルニューグランドでは、この接収によって、スパゲティナポリタンとプリン・ア・ラ・モードが生まれている。ナポリタンは、二代目総料理長の入江茂忠が、米兵が茹でたスパゲティにトマトケチャップをかけているのを見て考案、プリン・ア・ラ・モードは、将校の夫人たちを喜ばせようとパティシェが考案したメニューである。今もホテルの人気メニューとして、山下公園をのぞむ一階のコーヒー・ハウス「ザ・カフェ」で提供されている。

帝国ホテルは、連合軍最高司令部直属となり、高級将校の専用宿舎にあてられた。九月一三日、マッカーサーは帝国ホテルを訪れ、支配人犬丸徹三に案内を命じて、空襲で焼けた東京を約四〇分かけて車で見回っている。

九月二〇日降伏文書が調印されると、戦火を免れた市街地の高級ホテルは将校宿舎や司令部宿舎にあてられ、リゾート地のホテルは進駐軍とその家族のレジャー用宿舎となった。

日光金谷ホテル、鬼怒川温泉ホテル、そして箱根の富士屋ホテルもその例外ではなく、進駐軍の保養施設となり、一九五一年（昭和二六）の接収解除まで、その状況は変らなかった。鮮治の父の正生は、敗戦から間もない一九四九年（昭和二四）五月四日六三歳に鬼籍に入っている。未だ接収最中のことであった。

ホテルマンのパイオニアとして

接収解除後の鮮治は、日光金谷ホテル、日光物産商会（金谷ホテルベーカリ商品などを扱う会社）取締役としてホテル業務の立て直しに尽力したが、日光金谷ホテルも鬼怒川温泉ホテルも、華族制度の廃止と財閥解体によって、富裕層の顧客を失うことになった。どちらのホテルもこれまでのような経営は望めない。大幅なサイズダウンが断行され、二つのホテルはそれぞれに別の道を歩むことになる。

接収解除の二年後、一九五三年（昭和二八）一月六日、鬼怒川温泉ホテルは日光金谷ホテルから独立し、鬼怒川温泉ホテル株式会社を設立。社長に就任した鮮治は、働き盛りの四二歳を迎えていた。

母の多満を見送ったのは、それから間もない一九五六年（昭和元）一一月二三日のことである。行年六九歳であった。

敗戦から八年、NHKが初のテレビジョン放送を東京で開始した。復興の槌音が絶え間ない東京では、青山通りに日本初のスーパーマーケット紀ノ國屋が現われ、銀座四丁目には森永キャラメルの巨大な地球儀形のネオンサインが点灯した。瓦礫と化した東京の街が、瞬く間に巨大消費都市として生まれ変わるさまは、目を見張るばかりであった。

すべての情報は東京に集中していることを鑑み、鮮治は本社を鬼怒川に据えたまま、東京の新橋に事務所を構え、東照宮楽師の家系につながる総支配人・藤岡充夫にホテルを任せて、鬼怒川と東京を行き来しながら、大森で暮らすことを選んだ。

藤岡はかつて、正生が鮮治と共に箱根の富士屋ホテルへ修業に出し、鮮治の片腕として育てた人物である。

これより鮮治は、社長業の傍ら一九六〇年（昭和三五）に開業されたホテルニュージャパンに深く関わることになる。鮮治がホテルマンのパイオニアとして活躍する時代がようやく到来したのだ。

ホテルニュージャパンは、「二・二六」事件の青年将校が、決起前に立ち寄った料亭「幸楽」（空襲で焼失）の跡地に計画された高級レジデンス（集合住宅）だった。ところが、一九六四年に開催が決まったオリンピック東京大会に備え、一部住居棟は残すものの、まったく新しいタイプの都市型ホテルとして、急遽、再計画されることになった。施主は、実業家で政治家でもある藤山愛一郎（一八九七～一九八五）率いる藤山コンツェルン。オリンピックを契機とした高度成長期を見据えて、宴会場やコンベンションホールを備えた既存の概念にとらわれないホテルが構想された。この壮大なプランのブレインとして鮮治に白羽の矢が立ったのである。

藤山愛一郎は、大正から昭和にかけて活躍した実業家で、比類なき富と権力を持ちながらも、温厚な性格と人を疑わない育ちの良さから、実業界ばかりではなく、広く愛され尊敬を集めた人物である。白鼈甲《しろべっこう》の眼鏡と白髪が上品なジェントルマンという風貌で、それまでの政治家とは一線を画した存在感を放っていた。

父は王子製紙専務取締役・藤山雷太、母は三井財閥の大番頭・中上川彦次郎の義妹で、裕福な家庭に育った。慶応大学在学中に肋膜炎で休学したことから渡米。大学は中退したが、帰国後は、父が率いる藤山コンツェルン（大日本精糖の安定した財源をもとに化学、工業分野にも拡大した財閥）の社長を歴任、弱冠三六歳でコンツェルンの頂点大日本製糖（現・大日本明治製糖）の社長に就任。

四四歳で東京商工会議所会頭、日本商工会議所会長となった。

実業界で順風満帆の藤山が、還暦を過ぎてから政界入りし外務大臣を歴任したのは、岸信介の強引な誘いがあったからだ。

東條内閣（一九四一年一〇月一八日〜一九四四年七月二二日）の商工大臣だった岸信介は、満州国経済政策の最高責任者でもあったことから、A級戦犯として巣鴨プリズンに三年三ケ月間拘置されたが、東條ら七名が処刑された翌日、不起訴で釈放された。公職追放されるが、岸と親交のあった藤山の世話で、岸はコンツェルン傘下の日東化学監査役の職を得ている。

サンフランシスコ講和会議後、奇跡的に政界に返り咲いた岸にとって、戦前の負のイメージを払拭することは最大の課題だったはずで、藤山の人望と経済力は、岸にとって強力なバックアップとなったことは言うまでもない。

藤山が政界入りして三年目に、ホテルニュージャパンは開業した。外務大臣となった藤山が、欧米と肩を並べる近代的なホテルを構想したことは容易に想像できよう。

時あたかも「安保闘争」のただ中。五月一九日、岸が推し進める新安保条約締結が衆議院の委員会で強行採決されると、翌二〇日、衆議院本会議を通過。これを機に民衆の安保反対請願デモは抗議デモに変わり、六月一五日には一一万人が国会議事堂を囲んだ。開業を控えたホテルの外では、連日連夜「安保反対」のシュプレヒコールがとどろいていたはずである。

敗戦から一五年、戦後の日本が、再び大きく変わろうとしていた。

赤坂山王神社を仰ぐ赤坂見附に、左右両翼を広げたY字型のホテルニュージャパンはあった。当時、東京でホテルといえば、ライト館の帝国ホテル、旧帝室林野局庁舎を改装したパレスホテル（旧ホテル・テート）、辰野金吾に学んだ田辺淳吉が設計した東京会館と、いずれもクラシックな近代西洋建築だった時代に、突如として現われた現代的な威容は赤坂界隈を圧倒していた。

オリンピック東京大会直前、旧伏見宮邸跡にホテルニューオータニ、大倉喜八郎邸跡にホテルオークラが開業するが、それより一歩早く、戦後日本の復興を象徴するようにホテルニュージャパンは開業した。

鮮治は常務として、さまざまアイディアを出し、それを実現させた。特筆すべきは、ホテルに和風旅館のテイストを入れたことである。ホテル部と旅館部を併設させるという、未だかつてない業態を提案したのだ。

幼少期より室内で靴をはいて生活してきた鮮治にとって、ホテルといえば洋式というのが当然だろうが、鬼怒川を知る鮮治にとって、洋式一辺倒の限界もわかっていた。

オリンピックを成功させ、その先に高度成長を遂げて行く日本にとって、果たしてどのような形態のホテルが望まれるかを考えた上で、日本独自のデザインセンスと日本旅館にしかないホスピタリティのすばらしさを、近代的なホテルに折衷させたのだ。

館内には、大中小の宴会場のほか、舞台付き百畳の大広間があり、この広間は通常、日本料理店として機能させた。また、それまでのホテルにはなかった和食堂を充実させ、内装には木材をふんだんに使った。窓の内側には障子を配したことも話題になった。

設計は日比谷公会堂や早稲田大学大隈講堂を手掛けた佐藤功一と建築音響学の佐藤武夫、内装は工業デザイナーの剣持勇で、剣持がデザインしたラウンジチェアは、今もニューヨーク近代美術館の永久収蔵品となっている。

何もかもが、当時としては規格外の構想で、東京を代表するプレステージホテルとして、政財界や芸能界の顧客も多かった。とりわけ、市川雷蔵の結婚披露宴は話題になった。当時の週刊誌『明星』（一九六二年四月一五日号）には「時代劇のプリンス市川雷蔵のデラックス結婚式」の見出しが踊り、政財界や芸能界の大物が招かれたフランス料理の一次会、人気の芸能人らが招かれたカクテルパーティの二次会の様子がレポートされた。こうしてホテルニュージャパンの名前は全国に広まっていったのである。

一九六八年（昭和四三）日本の国民総生産ＧＮＰがアメリカに次いで世界二位となり、日本の経済が高度成長の頂点を迎えた。五七ケ月続いた「イザナギ景気（一九六五〜七〇）」ただ中のことである。

鮮治は晩年、このホテルを「僕のホテル」と言ってはばからなかった。それは、鮮治が生涯座右の銘とした「East meets West（和敬洋讃）」を具現化した最初の作品だったからに他ならない。一九六七年（昭和四二）、鮮治は、ホテルレジデンス棟七階に鬼怒川温泉ホテルの本社を移している。

ホテルとは別経営ではあったが、地階の高級ナイトクラブのニューラテンクォーターも、昭和を代表する高級クラブとしてその名を歴史に留めている。ホテルのエントランス脇に大きなネオンサインが掲げられ、そこだけがまるで外国のようだった。

ショーにはルイ・アームストロング、サミー・デイビス・ジュニア、ダイアナ・ロスといった世界的ミュージシャンが出演し、政財界の大物や勝新太郎、萬屋錦之介といった銀幕のスターたちが、夜な夜なグラスを傾けていたという。また、当時人気絶頂だったプロレスラーの力道山が、暴力団員との喧嘩で刺されたのも（一九六三年一二月八日。一週間後に死去）このクラブである。

ちなみに、鮮治は力道山のファンで、力道山も鬼怒川温泉ホテルを度々訪れていたという。おそらく、このクラブで親しくなったのだろう。

高度成長期の日本に燦然と輝いたホテルニュージャパンではあったが、一九七〇年代に入ると、藤山愛一郎の政界進出に莫大な資金が投入され続けたことが他の事業にも影響を及ぼし、「絹のハンカチ（藤山のこと）が雑巾になった」と揶揄されるほどに、藤山コンツェルンは衰退の一途をたどることになる。ついに藤山は、東京白金にあった五千坪の邸宅も手放し（現在はシェラトン都ホテルが建つ）、藤山コンツェルンは解体された。

それまでに老舗の百貨店白木屋を買収し、引き揚げ船「興安丸」を買い取って東京湾の遊覧船にするなど、強引な買収劇で名を馳せた東洋郵船社長横井英樹が、一九七九年（昭和五四）ホテルニュージャパンを買い取る。かねてからホテル業界への進出を考えていた横井にとって、藤山の長男・覚一郎からの申し出は渡りに船だった。

それからわずか三年後の冬。一九八二年（昭和五七）二月八日の大火災によって、ホテルは一夜で廃墟と化してしまい、廃業を余儀なくされた。大幅な経費削減による合理化が仇となったことは、当時、連日のように報道された。

この火事によって、藤山がコレクションした数多くの美術品は灰塵に帰し、鮮治の仕事の名残も、再び見ることはできない。

北のホテル

鮮治の弟、正二と北炭のつながりは、鮮治に新たな活躍の場を与えることになった。

北炭の萩原吉太郎は、慶應義塾在学中、「小泉信三の再来」とも称された秀才で、予科の頃からアダム・スミスやジャン・ロックといった経済学の古典を読破していたという（『私の履歴書』第十二集　日本経済新聞社）。卒業後は、福沢諭吉から直接教えを受けたという高橋誠一郎教授（後に名誉教授）の推挙もあり、三井合名会社（三井財閥が出資する会社）に入社した。

萩原がまだ若かった頃、右翼の重鎮で「やまと新聞」社主の岩田富美夫が会社に現れ、社長に面会を求めた。対応に苦慮した会社側は、平社員の萩原にその役目を押し付けた。黒紋付羽織袴の容貌魁偉《ようぼうかいい》の岩田を前にして、「皆さんおられますが、どなたも会いたがらないので私がお会いすることになりました」と応じ、岩田が持参した南京における三井物産の石炭横流しの証拠と称するものに目をやって、「それでいくらぐらいになるのですか？」と聞いた。すると岩田は、一瞬、萩原を睨《にら》みつけたものの、ややあって、豪快な大笑いして帰っていったという。

これより、岩田の秘書を通じて、「やまと新聞」の相撲桟敷が供されたというエピソードが残る（『一財界人、書き留め置き候』萩原吉太郎）。豪胆というよりは、警戒心のないスケールの大きな素朴な人物像が想像される。

一九五五年（昭和三〇）、北海道炭礦《こう》汽船株式会社（通称、北炭）の社長に就任した萩原は、石油需要が著しくなった時代を背景に、一九五八年（昭和三三）北炭の不動産を管理する北海道不動産株式会社（二〇〇七年まで三井観光開発株式会社、現・グランビスタホテル&リゾート）を設立して北海道における観光業にも経営を広げ、この年に札幌テレビを開局している。

札幌には、秩父宮の「札幌に本格的な洋式ホテルをひとつ建てたら」との提案から構想された老舗の札幌グランドホテル（一九三四年開業）があった。地上五階、地下一階のビザンチン風意匠が施された風格ある建物で、「北の迎賓館」と称され、国内外の賓客をもてなすプレステージホテルとして存在感を放っていた。

萩原は、このホテルを、オリンピック東京大会を控えた一九六二年（昭和三七）に自社と合併。さらに札幌で開催される冬季オリンピックを控えた一九六六年（昭和四一）には、札幌のホテル三愛（一九六四年開業）を傘下に収め、札幌パークホテルとして新たな経営体制でホテル業界に参入していった。

萩原自身、経営能力には自負するものがあっても、ホテルについてはまったくの門外漢であることをよくわかっていた。萩原はホテルニュージャパンをプロデュースした鮮治のホテルマンとしての才能を見込んで、札幌でも、その能力を発揮して欲しいと考えたのだ。

鮮治は萩原に請われて、札幌グランドホテル、札幌パークホテルの経営に参加し、北海道観光の拠点となる本格的なホテルを、その手で作り上げていったのである。

萩原吉太郎は、三木武吉や鳩山一郎、河野一郎といった政治家に人脈を持ち、大言壮語から「永田ラッパ」と呼ばれた大映社長の永田雅一や、フィクサーとして政財界で暗躍した児玉誉士夫とも交際があったことで知られるが、一九八一年（昭和五六）の北炭夕張新炭鉱ガス突出事故の責任をとって職を辞し、第一線から退いた。そして、その翌年の一〇月、夕張新鉱は閉鎖された。

現在、夕張炭鉱の町は、高倉健主演の映画「幸せの黄色いハンカチ」の舞台としても知られている。

余談ではあるが、北海道でその名をとどろかせた萩原吉太郎は、横綱・大鵬幸喜の後援者でもあった。二〇一八年大相撲初場所で出世披露した大鵬の孫にあたる納谷幸之介が着けた祖父の形見の化粧回しには、北海道炭礦汽船の文字が金糸で刺繍されていた。

鮮治が社長に就任してからの鬼怒川金谷ホテル

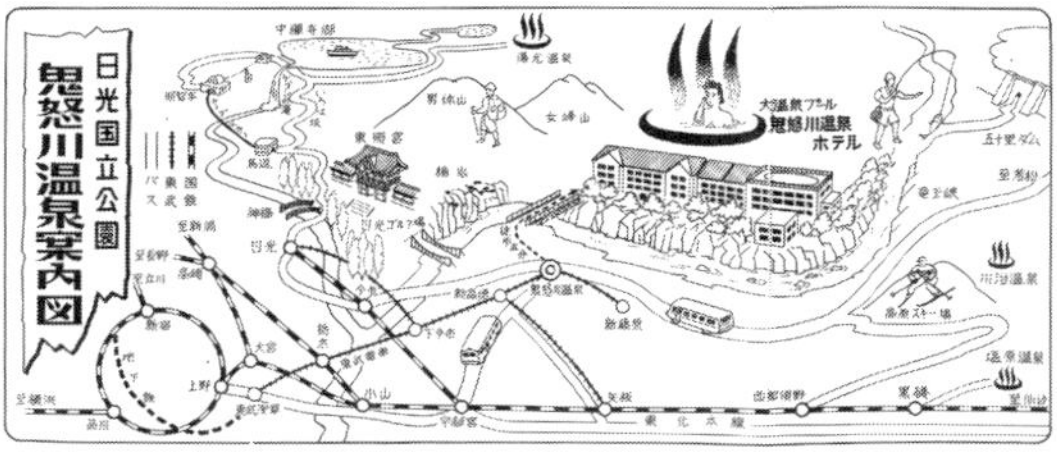

御宿泊料金表

A 級 1,000円 B 級 1,200円 C 級 1,500円
D 級 1,800円 E 級 2,000円 （一泊二食付）

（特に多数様の御旅行、御宴会、招待会等は閑散期等は勉強致します）
※ 税金（一割）従業員のサービス料は含まれて居りません。

栃木県鬼怒川温泉

鬼怒川温泉ホテル

電話（鬼怒川）25番26番 300番

お申込み及びお尋ねは下記案内所を御利用下さい。

浅草松屋前交叉点角

東京直営案内所

電話浅草（84）3740番（ミナヨレ）
日光直営案内所（日光物産商会内）電話日光６番
日光西参道直営案内所 電話 日光３６４番

日本交通公社各案内所
日本旅行会各案内所

当時のパンフレット

牛肉とショコラ

鬼怒川温泉ホテルに入社して間もない竹末経男には、忘れられない思い出がある。
「毎年、十二月二八日にはホテルの忘年会がありました。その当時は、年末をホテルで過ごすお客様はいらっしゃらなくて、二八日からは全館休業にしていました。ですから、一番広い大広間に従業員全員が集まって、東京から社長ご夫妻もみえて、ホテルをあげての大忘年会です。その後は、必ず麻雀大会になるのですが、誰と同じ雀卓を囲むかは、その場にならないとわからないのです。ある時、私は社長と同じ組になってしまいました。もちろん口をきいたこともありませんから、私は緊張してしまって、どうもうまくいかない。そうしたら社長が〈竹末、おまえ麻雀が下手だね〉って。当時、従業員は二〇〇人くらいいましたから、私みたいな新参者の名前までご存知だなんて、ほんとうにびっくりしました。やっぱり社長はすごいなぁと思いました」

ホテルには、鮮治夫妻専用の居室があり、月に一度、夫妻は鬼怒川に数日間逗留した。その時は必ず、玉枝夫人が東武鉄道鬼怒川線に乗車する前、従業員全員に行き渡るだけの牛肉を浅草で買い求め、お土産として持参した。その夜の賄いはすき焼きなので、従業員たちは社長夫妻の来訪を心待ちにしていたという。

従業員全員の顔と名前を覚え、心遣いも忘れず、一緒に雀卓を囲むという気さくな一面がありながらも、鮮治はつねに「雲の上の人」だった。接客については細部にわたって厳しく、館内すべてを自分で歩き回りながら点検し、少しでも気に入らないところがあると総支配人の藤岡充夫を叱責《しっせき》したという。そのような鮮治の厳しさもまた、従業員たちの心を深くとらえ、彼への憧れを強める結果となったようである。

ホテルは女性従業員に頼るところが絶大である。そこで鮮治は、母親が安心して働くための託児所をホテル内に作り、働く母親を全面的にバックアップした。当時としてきわめて珍しい試みである。

そればかりでなく、海外へ出かけると、託児所の子どもたちのためにチョコレートを買い求め、帰国すると必ず託児所を訪れて、色とりどりのチョコレートを自ら手渡していたという。宝物のように美しい甘いお土産は、どれほど子どもたちの心を癒したか知れない。

ホテル経営に革新的なアイディアを提案し、あらゆる意味で一歩も二歩も先を見据えたサーヴィスを提供していた鮮治は、ホテルの客に対して最高のおもてなしを実現するために、最も大切なのは従業員だということを熟知していたのだ。

懐の深い優しさと穏やかさ、仕事に対する厳しく真摯な姿勢、そしてなによりもスタイリッシュな鮮治には、祖父の善一郎から続く金谷家の血と精神が、脈々と受継がれていたことがわかる。

葉巻の香り

オーデコロンをつけているわけではないが、鮮治からはいつも、甘い香りが漂っていた。それはハバナ産の葉巻と、彼がこよなく愛した白百合「カサブランカ」のせいだった。仕立ての良いスーツで身を包み、白のリンカーン・コンチネンタルで西麻布に乗り付けると、スポットライトに照らし出されたように、灰色の町が彼の周りだけ華やいで見えた。

そのような鮮治のスタイルがとても自然であり、誰もが憧れを持って彼を眺めていたのには、恵まれた容姿という天性の魅力ばかりではなく、世界中の観光地やホテルをめぐって得た知識と経験に裏打ちされた教養の成せる技だったように思える。白のリンカーン・コンチネンタルも、彼を取り巻く甘やかな香りも、鮮治だからこそ似合っていて、他の誰もが真似できるようなものではなかった。

西麻布に金谷ホテルマンションを開業した一九七一年（昭和四六）、鮮治は本社をビル内に移している（登記は前年四月）。

金谷マンションが建つ西麻布は、六本木通りに面しているが、六本木の賑わいからは、ほんのひと足だけ離れていた。そのひと足が、静かな大人の居場所を醸していた。

明治以降、日本陸軍の町だった六本木は、敗戦直後には米兵やアメリカ人相手の「東京租界《そかい》」で、日本人はほとんど近寄れなかった。それが、一九五九年（昭和三四）米軍施設が返還され、同じ年に日本教育テレビ（テレビ朝日）が開局すると、芸能人やテレビ関係者などのいわゆる「六本木族」が集うお洒落な町に変貌していった。

その拠点になったのは一九六〇年（昭和三五）にオープンしたフランスのカフェのようなコンセプトのイタリアンレストラン「キャンティ」だ。ここには、明治の元勲・後藤象二郎の孫にあたるオーナーの川添浩史・梶子夫妻を慕って、福沢諭吉の孫でレーサーの福沢幸雄、恋人の小川知子、作詞家の安井かずみ、かまやつひろし、堺正章、加賀まり子、大原麗子といった、当時、脚光を浴びていた若者たちが夜な夜な集まっては、深夜三時の閉店まで飲み続け、うっすら明るくなった六本木の町を帰っていったという。

オリンピック東京大会（一九六四年）の年に地下鉄日比谷線が開通すると、六本木はいっきにポピュラーな町になった。交差点には「アマンド」がヴィヴィッドなピンクの庇《ひさし》を掲げ、ディスコやゴーゴー喫茶ができ、街は若者であふれかえった。アクセスがよくなったことで、有名人限定の町から一般の若者にも手の届く存在になったのだ。

一方、狸穴《まみあな》から鳥居坂《とりいざか》方面は、ウォーリーズ設計（一九三三年）の東洋英和女学院や、多度津藩江戸屋敷跡（井上馨→久邇宮→赤星鉄馬→岩崎小弥太と所有者が変遷）の国際文化会館（前川國男、坂倉準三、吉村順三の共同設計）が建ち、広大な敷地と品格のある建物が並ぶお屋敷町の風情で、表の喧騒とは隔絶された静寂が広がっていた。

当時、銀座よりも赤坂よりもトレンディな六本木エリアにありながら、閑静な広尾や青山へも続く西麻布は、鮮治にとって理想的な立地だったように思える。彼の何にとって理想的かといえば、隠れ家的な趣味のレストランに他ならない。そしてその店は、ホテルマン金谷鮮治の真骨頂でなければならなかった。

既存の枠にとらわれないオリジナリティ溢れるレストランは、自社ビル建築計画を思い立った当初からの鮮治の構想だった。その店は、ノーブルにして華やか、そして居心地のよい温かさに充ちた大人の空間であって、そこで供されるのは、和の素材や調理法をアレンジした、日本人にしか作ることのできないフランス料理というイメージだ。

鮮治は多忙だった。鬼怒川温泉ホテルの経営はもとより、日本旅行協定旅館連盟会長や日本ホテル協会理事長など、ホテル業界の要職を務めながらの新たなプロジェクトである。しかし彼は人任せにせず、内装から調度、食器、そして、そのレストランを率いるシェフに至るまで、最後はすべて自分の目で確かめて決断していった。

伝説のレストラン「西洋膳所　ジョン・カナヤ麻布」は、こうして創り上げられたのである。

第2章　フレンチのシェフ坂井宏行

ラ・ロシェル(東邦生命ビル店)にて坂井宏行

孟宗竹の里

冬には鶴が飛来する八代湾を臨む鹿児島県出水《いずみ》。食通の間では幻の魚といわれる「出水の黄金アジ」で知られるが、山にひと足踏み入れば、高く深い孟宗竹の竹林がどこまでも広がる山深い地でもある。物心ついた頃から、坂井宏行はここで過ごした。

太平洋戦争開戦の翌年、一九四二年（昭和一七）四月、坂井宏行は現在の北朝鮮興南《フンナム》市にあった朝鮮窒素肥料の社宅で生まれている。ここは水俣の日本窒素肥料（現在のチッソ株式会社）が朝鮮に作った化学コンビナートの社宅で、当時は、従業員と家族を含め約一八万人が暮らしていた。父の喜栄は、妻のイセ子をともない、勤務のため朝鮮へ渡っていたのだ。

日本軍が南方に戦線を拡大していくなか、一九四四年（昭和一九）の冬、喜栄に赤紙が届き、現地部隊に入隊して出征していった。坂井が父の顔を覚えていないのも道理で、姉の惇子《あつこ》は四歳、坂井は二歳、弟の宏昭《ひろあき》は生まれたばかり。母のイセ子も、まだ二二歳の若さだった。

一九四五年（昭和二〇）に入ると日本本土では空襲が激しくなった。敗色は火を見るよりも明らかで、誰もが口にこそ出さないが、敗戦を予感するようになっていた。

これを見て、鹿児島の出水に住むイセ子の家族では親戚が集まって話し合いがもたれ、イセ子の兄が妹家族を興南まで迎えに行くことになった。戦争に負ければ、すぐに本土に戻ることはできないと思ったからだ。

夫の所在も安否もわからぬまま、後ろ髪を引かれる思いではあったろうが、イセ子は兄にせかされ、幼い子どもたちのために引き揚げを決意する。さしたる荷物も持てないまま、五歳の惇子と三歳の坂井の手を引き、一歳になったばかりの宏昭を背負って、列車を乗り継ぎ、鉄道が敷かれていない区間はひたすら歩き、朝鮮半島を南下して平壌《ピョンヤン》から京城《ソウル》、そしてようやく対馬海峡をのぞむ釜山《プサン》にたどり着いた。ところが、ここには引き揚げ船を待つ人があふれていて、いつ船に乗れるのかもわからない。帰国への最後の難関は、この引き揚げ船だった。

伯父が八方手をつくして乗船券を手に入れ、やっとのことで佐世保へ向かう船へ乗り込むことができたが、舟底の暗い船室はすし詰めで身動きもできない。逃避行の疲労と空腹で、誰もが黙って座り込んでいるような状態だった。聞こえてくるのは子どもの泣き声と病人のうめき声ばかり。不安のなかで皆身じろぎもせずにうずくまっているしかなかった。

姉の惇子は、白い布に巻かれた長く大きな物が海に投げ込まれるのを見ている。引き揚げ途中で亡くなった人を水葬していたのだということを、あとになって母から教えられた。

八月一五日に戦争は終わったが、一九日には中国の瀋陽《しんよう》（満州時代は奉天《ほうてん》）にソ連軍が進攻し、日本人はもとより、在住の中国人に対しても略奪と暴行におよんでいた。朝鮮半島へのソ連軍南下は時間の問題で、在朝の日本人は、現地で築いてきた営みや財産の何もかもを捨て、着の身着のままで半島を脱出せざるを得なかった。ひと足だけ早く半島を脱出した坂井の家族は、それでも無事に、なんとか佐世保まで引き揚げることができたのだった。

一家が身を寄せる先は、母の生まれ故郷鹿児島県の出水しかない。佐世保から出水まで国鉄を乗り継ぎ、やっとのことで母の実家にたどり着いたのは、敗戦の玉音放送が日本全国に流れる少し前のことだった。

当初は出征していた叔父の家に仮住まいしていたが、やがて叔父が復員すると、伯父が本家の敷地内に小さな家を建ててくれた。家といっても、山の木を伐り出して簡単に建てた急ごしらえの住まいだったが、それは伯父と祖母の心づくしであった。伯父は、わずかではあったが、畑も分けてくれた。

母のイセ子は、昼間は小さな畑を耕し、近所の農家も手伝い、夜は夜で仕立物の内職をして、三人の子どもを食べさせるために朝早くから夜中まで働いていた。幼い子どもたちは、布団に横になっている母を見たことがなかったという。

父の戦死が知らされたのは、それから間もなくのことだった。

ある時、母のイセ子と姉の惇子が、本家の庭でムシロを広げて大豆のサヤをビール瓶でたたいていると、郵便配達員がやってきた。その場で封を開けたイセ子は、家の裏山にひとりで入っていくと、「ワーッ」と大声で泣き出したという。それが戦死の公報だったことを、母は子どもたちにはひと言も言わなかった。

戦争が終わった四日後の八月十九日、父の喜栄が乗った船が台湾南沖のバーシー海峡で沈没したという。喜栄は三五歳だった。

母は悲しむ間もなく必死に働いた。幼い姉弟は、暗くなっても帰らない母を待つ毎日だった。寂しくてひもじくて、姉弟は身体を寄せ合って泣いていたという。そんな子どもたちを可愛がって育ててくれたのは、母方の祖母だった。最も古い坂井の記憶は、この頃から始まっている。

「子どもの頃の記憶と言えば、いつもお腹が空いていたこと。戦後で物資が不足していたとはいえ、家は貧しくて、育ち盛りの子どもたちには、何よりひもじいことがこたえた。でも、昼夜なく働く母親の姿を見ていれば、そんなことは言えない。口に入るものは何でもありがたくて美味しかった。〈いつか腹一杯食べたい〉そんなことばかり考えていました」

子どもの頃から手先が器用だった坂井は、山に繁る孟宗竹を使って虫かごや鳥かごを作るのが得意だった。

出征する父のために急遽写真館で撮影した。母イセ子に抱かれているのが坂井少女は姉の惇子

祖母のカメヅルは、坂井たち姉弟を可愛がってくれた。坂井は祖母が大好きだった

「ヒロ、たまがった！まっこて、大人ん作るごたる」

そう褒められると嬉しくて、友だちの分まで得意になって作った。今ならさしずめプラモデルといったところだろうが、敗戦直後のそれも鹿児島の山の中に気の利いた遊び道具などあるはずもない。孟宗竹の工作は最高の楽しみだった。

やがて、この特技を生かして、魚や野鳥を捕まえる仕掛けを作るようになった。もちろんそれは食材調達のためである。

工作は楽しいし狩猟も楽しい。食材が手に入れば母親は喜ぶし、何と言っても腹がいっぱいになる。この一石四鳥のアイディアは、少年の世界を大きく広げる大きな契機となった。

小学校高学年になると、坂井は台所に立つようになる。疲れて帰って来る母親に少しでも楽をさせたいと思ったからだ。しかしそれ以上に、何かを作るおもしろさを知ってしまったのかもしれない。

料理といっても、それは田舎の子どものこと。川海老を茹でたり、川魚を塩焼きにしたり、天ぷらを揚げたりと、他愛のないモノばかりではあったが、母親はもちろん姉や弟も、「ほんなこてうまか！」と言って喜んでくれた。

最高のごちそうは山太郎ガネ（カニ）。夕方、つぶしたタニシを餌にしたカニ捕りの籠を川に仕掛け、翌朝早く獲物を引き揚げ、茹でてかぶりついたり味噌汁にしたりして食べた。時にはウナギやナマズ、鮒がかかることもあって、その度ごとに、坂井は得意になって料理の腕をふるった。

そのうち、学校へ行っても、授業はそっちのけで、その夜の献立を考えるようになっていた。頭のなかは毎日、料理のことでいっぱいだったのだ。

マタギのおじいさん

坂井に野鳥の捕まえ方を教えてくれたのは、近所に住むマタギだった。少年から見ればおじいさんだが、せいぜい還暦を少し超えたくらいだったのかもしれない。

秋も終わる頃。寒い日は小雪が舞う日もある一一月半ば。出水では狩猟のシーズンが始まる。この時期になると、マタギは仲間と連れ立って山に入る。

ある時のこと、いつも可愛がってくれるマタギのおじいさんから、「猪を捕まえて来るから河原で待っていろ」と言われた。

それまで猪を食べたことがなかったので、味を想像してワクワクしたが、そこは少年のこと、猪の大きさを想像するだけで怖かった。期待と不安が入り混じった妙に落ち着かない気持ちになって、ひとりで待つのが恐ろしくなり、友だちを誘って河原で待つことにした。

夕方になった。秋は日の暮れるのが早い。猪が捕まえられなかったのではないかと心配で仕方なかったが、友だちの手前、そんな素振りも見せられず、平気な顔で石投げなどしながら、それでもドキドキしながら夕陽と山とを互い違いに見比べていた。

そんな時だ。おじいさんを先頭に、背中に大きな猪を担いだマタギたちが山から降りて来たのだ。毛むくじゃらの茶色い塊が目に飛び込んだ瞬間、少年たちは一斉に「おーっ！」と、叫び声をあげて猪めがけて駆け寄った。

さて、ここからがすごかった！　河原で猪の解体が始まったのだ。坂井は初めて見るこの作業にすっかり魅了されてしまった。

それはまず呪文のようなおまじないから始まった。「自然のすべては山の神が支配する。その恵みはすべて神様からの授かり物」と考えられている。狩猟を糧とするマタギは、山の神に感謝し、獲物の成仏を祈らなくてはならないのだ。

解体の手順にも作法がある。仰向けにした猪の顎から小刀を入れ、下まで切り裂く。四本の脚の内側を切り裂き、皮を剥がす。それから内蔵を取り出し、脚から順に部位を切り分けていく。手早く見事な小刀さばきを、坂井は息を詰めてひたすら目で追った。

解体がひと通り終わると、河原に石組みの竈を作り、火をおこして料理にかかる。料理といっても、鍋に肉を放り込み、味噌と酒でグツグツ煮るだけだ。しかし、これが何とも美味しい。なかでも一番美味しかったのは内蔵だった。熊が獲物を襲うと内蔵から食べるというが、新鮮な内蔵ほど美味しいものはないということだ。

この時の経験は、修業時代、肉のかたまりからロースやヒレを切り出すのに大いに役立ったという。

外国航路のコック

「どこで見たのか覚えていないが、白いシェフコートに背の高い帽子をかぶり、胸にいっぱいピンバッジをつけた外国航路のコックさんを見た。絵本だったか映画だったか、それともどこかの港町で見たのか、もうすっかり思い出せないが、それがとても格好良く思えて、いつかこの人みたいなコックさんになりたいと思うようになった。そう、外国航路のコックさんになりたいと思っていた」

日頃、母は坂井に「ひろ、手に職をつけやん」と言っていた。彼女自身、仕立物の内職が生活の糧になっている。とりわけ長男には、手に職をつけさせ、それで身を立てることを望んでいた。すでに後ろ盾になる父は亡く、着の身着のままで引き揚げて跡を継がせる財産もない。彼自身の人生を自らの手で拓《ひら》いて欲しいというのが母の切なる願いであった。

小学生の頃から台所に立ち、授業もそっちのけで夕飯の献立を考えていた少年が、料理人の道を志すのは至極自然のことで、彼自身も、地元の出水中学を卒業する頃には、迷うことなく料理人、それも真っ白なシェフコートを着た洋食のコックになることを決心していた。

しかし、出水は鹿児島の田舎町。洋食屋の就職先など簡単にみつかるはずもない。母と姉に勧められ、坂井は姉が通う市立出水商業高校へ進学した。一九五七年（昭和三二）四月のことである。

一刻も早く料理の世界に入りたいと思っていた坂井は、高校の授業にも身が入らなかった。家には弟もいて、経済的に余裕がないことはよくわかっていたので、さっさと退学して就職したかった。

そんな坂井の気持ちを察して、大阪の仕出し弁当屋に住み込みの働き口を見つけてくれたのは、中学で就職を担当していた布袋先生だった。

高校だけは卒業して欲しいという母親を説得し、二年に進学する直前、高校を中退して大阪行きを決めた。

坂井には、もうひとつ、料理人になりたい理由があった。それは、飢えることへの恐怖だ。おそらく、記憶があるかないかの幼い頃から、いつも腹を空かせていたために、料理人なら飢えることがないと思うようになったのかもしれない。少年期に培われた強い思いが、彼の背中を強く押していた。

一九五八年（昭和三三）四月、一六歳になったばかりの少年は、小さなボストンバックひとつを持って故郷を後にした。

おかまのおこげ

就職先の「一冨士《いちふじ》」は、大阪市役所や中之島公園に近いビジネス街にあった。創業は明治という古い店で、坂井が就職した当時は、企業の仕出し弁当を作っていた。坂井と同じような下働きの従業員は、皆、集団就職の少年だった。

弁当屋だけあって、朝夕の食事には事欠かなかったが、食べ盛り、育ち盛りの少年たちにとって、賄《まかな》いだけでは到底足りるわけもない。いつもお腹を空かせていた。「腹いっぱい」の希望はあっさり裏切られてしまう。

そんな中にも、ささやかな楽しみがあった。商売モノには手がつけられないが、お釜に貼りついたおこげは食べてもいいことになっていたのだ。おこげに醤油をたらし、おやつがわりにむしゃぶりつく。これが空きっ腹にしみてなんともうまい。仲間と分け合い、取り合い、戯れ合いながらほおばるおこげは、おいしくてたまらなかった。

同世代の少年たちは、そんなことをしながら仲間意識を深めていき、深夜の厨房で小さな林檎がひとつだけ残っているのを見つけると、全員で回してひと口ずつ食べたこともあった。

洗い物や食材の皮剥《む》きといった下働きの仕事にも慣れてくると、坂井は物足りなさを感じるようになった。

手先が器用なことに加え、子どもの頃から家の仕事を手伝っていたこともあって、仕事が辛いと思うことはなかった。それに、下積みが長いことは承知で入った世界だ。しかし、こんなことばかり続けていて、果たして自分は本当の夢である洋食のコックになれるものだろうか？ そんなことを考え始めた。

一旦疑問がわくと、それは不安になり、不安は絶望になっていく。思春期の少年は負のスパイラルに絡めとられそうになり、居ても立ってもいられなくなった。

そんな時のこと、坂井は調理師学校へ行くことを思いつく。昼間は弁当屋の仕事があるが、夜は時間が空いている。夜間のクラスなら通えることに気づいたのだ。

坂井が大阪へ出て来た翌年の一九五九年（昭和三四）四月、坂井は天満橋《てんまばし》にある辻勲《つじいさお》調理師学校の夜間クラスに入学した。少ない給料をやりくりして授業料を捻出し、白いシェフコートへの第一歩を踏み出したのである。

朝は四時に起き、夕方まで弁当屋で働いた。六時から九時まで調理師学校で授業を受け、寮に戻るのは一〇時過ぎ。睡眠時間は四、五時間だったが、毎日が楽しく充実していた。

はじめてのハヤシライス

映画の世界は日活の全盛期で、石原裕次郎や小林旭に憧れる若者が映画館に押し寄せた。音楽界では数年前からロカビリー（ロックンロールとアメリカ南東部の民謡ヒルビリーの融合音楽）が流行り始め、ようやく普及し始めたトランジスタラジオからは、小坂一也が歌うエルビス・プレスリーの「監獄ロック」や飯田久彦が歌うジーン・ピットニーの「ルイジアナ・ママ」が日本語で流れていた。

坂井は、そんな若者たちの流行に何の興味もわかなかった。映画を見ることも夜遊びすることも、喫茶店でコーヒーを飲むこともなかった。もちろん、酒も飲まなかった。アルコールを受け付けない体質だったこともあるが、調理師学校の授業料を捻出するためにひたすら節約していた。

坂井の事情が自然と周囲にもわかってきた頃のこと、先輩のひとりが、寮で熱心に料理の本を読んでいる坂井に声をかけてきた。

「おまえ、調理師学校に行ってるんやろ。コックになりたいっちゅうんはほんまか？　わかっとるやろけど、ここにいたら無理や。はよ職場かえんとあかん。知り合いにホテルの下働きしてるやつがおるねん。聞いたるさかい、そっち行ったらどうや」

不意に言われて驚いたが、先輩の言葉は坂井自身の不安でもあった。ネオンの中、職場と学校を往復しながら考えることはいつも同じで、どうしたらコックへの道へ踏み出すことができるかということばかりだったからだ。先輩の言葉を心からありがたいと思った。

調理師学校へ通い始めたひと月後の五月、一七歳になった坂井は新大阪ホテルへ転職した。ホテルといっても下働きで給料は「一富士」と同じ六〇〇〇円だったが、少しでも洋食のコックに近づけることが嬉しかった。

新大阪ホテルは、淀川を望む中之島の一等地にあった。開業は一九三五年（昭和一〇）と古く、「関西の迎賓館」と称された格式の高いホテルである。

一九五八年（昭和三三）に大阪グランドホテル、一九六五年（昭和四〇）には大阪ロイヤルホテルを開業し、二〇〇〇年（平成一二）には二つのホテルを統合してリーガロイヤルホテルとしてリニューアルを果たし、現在に至っている。名実共に大阪生まれ大阪育ちのプレステージホテルである。

余談ではあるが、大阪ロイヤルホテル時代の初代シェフ常原久弥は、『暮らしの手帳』の料理ページでその名を馳せた伝説の料理人である。私の世代は、常原シェフの『おそうざいふう外国料理』（暮らしの手帳社）が嫁入り道具として必携の一冊でもあった。

入社するとすぐに、坂井は国鉄の食堂車を担当する部署に配属された。

敗戦から四年後の一九四九年（昭和二四）東海道本線の特急列車が復活し、これを契機に食堂車が再開された。当初は日本食堂が担当していたが、一社独占は問題が多いとされ、一九五三年（昭和二八）特急「つばめ」の食堂車に名門ホテルが参入する。東京の帝国ホテル、京都の都ホテル、大阪の新大阪ホテルと、いずれも超一流ホテルがシェアすることで、食堂車はそれまで以上に老若男女の憧れの存在となった。

喜び勇んでホテルの厨房に入った坂井だったが、その仕事は食堂車に乗るのでもなく、その下ごしらえでもなかった。新入りにお決まりの親方の世話係。着替えの手伝いや靴磨き、風呂で背中を流すなど、本当に身の回りの世話ばかりで一日が終わった。しかし、夜は学校へ通うことを許されていたので、厨房に立てない不満はあったが、勉強をするには恵まれていた。こうして坂井は、コックへの道を一歩ずつ、しかも確実に歩み出していたのである。


そんな暮らしが半年ほど続いた頃のことだ。

「俺の世話はもういい。明日からハヤシライスを作れ」

親方からのひと言に、坂井は息が止まるかと思った。驚きの方が大きくて、嬉しさは、そのあとからジワジワと湧き上がってきたという具合。夢が現実になる瞬間とはこういうものなんだと実感した。

その晩は、興奮でなかなか寝付けず、故郷を出てからの日々が思い出された。出水の駅でいつまでも手を振っていた母の姿。初めて働いた「一冨士」の厨房。コーヒーも飲まず映画も見ず、楽しいことを全部我慢して節約したこと。何もかもが懐かしく、そしてたまらなく切なかった。

「やっとここまできた」

そう思うと、ひたすら夜明けが待ち遠しかった。

ハヤシライスといっても、最初はルーを作る仕事。大きなフライパンにバターと小麦粉を入れ、うっすら茶色になるまで焦がさないようにただひたすら炒める。とにかく手が疲れてくたくたになるが、坂井は嬉しくて仕方なかった。憧れのシェフコートを着て、ちょっとだけ背の高い帽子をかぶり、洋食の厨房に立って料理をしているというだけで、心から幸せを感じていた。

ストーブ前

ルーを炒めるようになって半年も経っただろうか、坂井は同じホテルが経営する名門ゴルフ場「茨木カンツリー倶楽部」のレストランへ移った。

「茨木カンツリー倶楽部」の創立は一九二三年（大正一二）と古く、大阪の若手実業家が本場スコットランドの名選手に設計を依頼して作った本格的なゴルフコースで、財界の大物が会員名簿に名を連ね、開場間もない頃には朝香宮夫妻が訪れたという、宮家御用達の格式の高いクラブである。

坂井が移った当時はまだ、誰もが気楽にゴルフを楽しむことのできる時代ではなかった。その上、超がつく高級ゴルフ倶楽部で、会員はいずれも、ほんの一握りの、それも極めて高級志向の強い人ばかりであった。

クラブハウスということで、メニューには、カレーライス、シチュー、コロッケ、ハンバーグ、海老フライ、とんかつ、サンドイッチなどカジュアルなものが並んでいたが、その食材も調理法も、列車部とは比べ物にならないほど本格的だった。

坂井はここで、本格的な洋食に初めて触れることになる。

ここでの最初の仕事は、下働きの料理人には必須のストーブ前。ストーブとは煉瓦《れんが》造りの竈のことで、ここに石炭をくべて火をおこす。火力が強いので料理には最適で、この火を絶やさないようにするのが、当時の料理人にとって最初の仕事と決まっていた。

鉄や煉瓦で作られたストーブで薪を燃やし、その上で料理を作る文化は北ヨーロッパ由来で、ポトフやシチューといった煮込み料理はその最もポピュラーな例である。彼の地では夏でも朝晩冷え込むため、ストーブは薪を燃やす作り付けのものしかなかったために、ストーブの上に鍋を乗せ調理する方法が生まれた。ストーブでの調理は火加減を調節することはできない。そこで、鍋の方を移動させて温度を調節する。遠火にしたり近火にしたりする調理法が工夫され、伝統的なフランス料理はすべからく、ストーブで作られたのである。

朝は誰よりも早く厨房に入り、石炭をくべて火をおこす。冬の冷えきった空気の中で、石炭が赤くなるのを必死に目を凝らして待つ。親方が来る時間になってもなかなか火がつかないと、ただ焦るばかり。

夏の暑さは格別で、文字通りの灼熱地獄。ガスが発達した現代では考えられないことだが、当時の料理人が必ず通った道である。

プレイヤーは早朝からコースをまわるので、昼時は早めの時間帯からがピークが続き、とにかく厨房は忙しかった。慢性的な人手不足もあって、手先が器用で真面目な坂井は重宝がられ、早いうちから鍋を扱う機会に恵まれた。日本料理の板場でいえば、煮方、焼き方といったところ。鍋を扱えるのが嬉しくてたまらず、厳しく辛い仕事も、まったく苦にはならなかった。

一八歳の若造にハンバーグを作らせてくれるホテルのレストランなど在り得ない。先輩が作りながら手順を教え、ハンバーグの知識や最良の材料節約術、できあがりをよくする工夫まで手ほどきしてくれる。坂井は先輩の手元を見ながら、ひと言も漏らさぬよう、その言葉に聴き入った。

坂井はここで、先輩料理人の料理に対する姿勢に大きな刺激を受けることになる。

料理の腕もなかなかで、厨房の中では親方の次くらいに仕事を任されていたその人は、いつも片手にボロボロになった英和辞典を持っていた。彼は独学で英語を身につけていて、もちろん会話もできた。外国の料理をするコックは、外国の言葉や文化を知っていたほうがいいと言うのだ。その英語が上手いかどうかはわからなかったが、坂井は彼の心構えに憧れた。

それまで坂井は、料理が作れることだけで充分に満足していたからだ。外国のことなど、ましてや外国語を勉強することなど、考えもしなかった。料理人になるということ、それも一人前になるということはどういうことなのか、坂井は初めて考えるようになった。

海を渡る

クラブハウスは朝が早い。しかし、その分、夜の終業も早い。坂井は勤めながら辻調理師学校の上級クラスへ通っていた。

ホテル新大阪に就職して二年が過ぎようとしていたある日のこと、学校の掲示板に、オーストラリアのパースにあるホテルオリエンタルの求人をみつけた。これこそ天の啓示、チャンス到来と興奮した。

よくよく考えれば当たり前のことなのだが、フランス料理のシェフを目指してオーストラリア行きを希望する者は皆無。手を挙げたのは坂井ひとりで、即座にパース行きが決まった。

オーストラリアがどのようなところなのかもわからず、外国というだけで決心したことにいささかの後悔はあったものの、それでも決めたことを翻すのは嫌だった。これをチャンスにすればいい。そう自分に言い聞かせ、夜になるのを待って、公衆電話から故郷の母親に電話をかけた。決心を伝えることで、退路を断ちたかったのかもしれない。若者らしい知恵でもあった。

電話の向こうで母親は戸惑っていた。敗戦から一〇年余、外国は、まだあまりにも遠かったからだ。それでも母は気丈だった。

「ヒロが自分で決めたことなら反対はせん。けど、頑張らにゃいけんよ」

「うん。わかっとる。頑張るけん」

長距離電話は通話料が高いので、用件だけで受話器を置いた。久し振りに聞く母親の声が、不安と興奮で昂《たかぶ》った心に沁《し》みた。

涙と鼻水でクシャクシャになった顔を夜空に向けて、坂井は独り呟いた。

「こうなったら絶対に一人前になってみせる」

一九六一年（昭和三六）、一八歳の早春のことだった。

貧しい若者が志を抱いて渡航する手段は、目的地まで運んでくれる船に船員として乗る方法に限られていた。金谷鮮治の伯父・正造がサンフランシスコへ渡った一八九九年当時と、それは何も変わっていない。

ただし、正造の場合は、父善一郎が渡航費用として六〇〇円を用意している。正造は洋服やトランクを揃え、三等客室に乗船した。手元に残ったのは八〇ドルばかり。これを腹巻に縫い付け、落としたりしないようにと細心の注意を払っていたという（『箱根富士屋ホテル物語』山口由実）。

援助もなく、たった一人で海を渡る坂井の境遇を知ったクラブハウスと親方は、伝《つて》を頼って船のコックの職を世話してくれた。坂井は親方の温情に感謝し、何としても一人前にならなければと志を新たにした。

春浅い三月、坂井は小さなボストンバックを抱え、横浜港から大型の貨物船に乗り込んだ。船は貨物の輸送を主としていたが、乗客も乗せていた。坂井と同じように、甲板や厨房で働きながら外国を目指す青年も少なくなかった。交通費はかからず、働くことでほんの少しだが給料も支給される。若者たちは皆、希望に胸を膨らませて、どこまでも果てしなく続く水平線を眺めながら、思い思いの夢を語って横浜からオーストラリアまでの約二ヶ月間を過した。

船ではコック長のことを司厨長《しちゅうちょう》と呼ぶ。初めて船に乗った時、その人は、坂井が幼い頃から憧れ続けたそのままの姿で目の前に立っていた。真っ白なシェフコートに背の高いコック帽をかぶり、堂々たる体からは「航海の食事一切を仕切る」という大仕事を任されるだけの風格が漂っていた。寡黙《かもく》ではなかったが、必要なことだけを的確に教えるという風で、厳しさと優しさ、そのどちらもが痛いほど感じられる頼もしい印象の人だった。

その日、司厨長は坂井を連れて船内を案内してくれた。幼い時に引き揚げ船に乗ったはずだが、何の記憶も残っていない。船内も厨房も初めて見るものばかりで、驚くことの連続だった。

とくに厨房は、今まで見知っているホテルのレストランとはずいぶんとようすが違っていた。何と言っても食材のストックが膨大で冷蔵庫も巨大だ。陸上とは違い、海の上では足りないものを買いに走ることができない。当然のことながら、材料の在庫管理から調達の手配まで、すべてが管理されていなければならない。その上、長く退屈な船旅では食事が大切な楽しみでもある。司厨長はメニュー作りからレシピまで、ストックを見比べながらすべてを考え差配するのが仕事。司厨長は、台所の船長なのだ。

坂井は素直な気持ちで、これから始まる長い船旅の食事一切を支える重要な人物に憧れた。そして、船内を案内する大きな背中を見上げながら、「どんな仕事でも一生懸命やろう。そして、絶対に司厨長のようなシェフと呼ばれる料理長になろう」と、強く思った。

包丁一本

海の上で一九歳の誕生日を迎えた坂井は、五月、パースの外港フリーマントルに降り立った。二ヶ月の長旅を一緒に過した司厨長はじめ船員や仲間が、揃って甲板《かんぱん》から見送ってくれた。坂井は深々と一礼し、向きを変えた。振り返ったら泣き出しそうだったので、一度も後ろを見ずに進んだ。もう後戻りはできない。独りきりになった心細さを払いのけるように、大きく息を吸って、胸を張った。

パースは、イギリス植民地時代の一九世紀、周囲の山から採掘された金や天然ガス、鉄鉱石などの集積地として栄えた町で、ここに集められた鉱物は、スワン川を使ってフリーマントルまで運ばれ、イギリス本国へと送られていた。その名残で、河口のフリーマントルには植民地時代の古い煉瓦造りの建物が数多く残っていて、そこには、坂井が初めて見る「外国」があった。

パースまではスワン川を遡《さかのぼ》ること二〇キロ余、調理師学校で渡された書類を片手に、単語を並べただけのたどたどしい英語でタクシーに乗り込み、ドキドキしながら車窓に広がる景色を目で追った。「絶対に、一人前になってやる！」緊張と不安と嬉しさが入り混じった複雑な気持ちのまま、心の中で何度も何度も繰り返していた。

パースという町は産業の拠点として発達してきたことから、市街地の中心部には高層ビルが建ち並ぶ近代都市だった。外資系企業も多く、もちろん日本企業の支店もあった。また、手つかずの美しい自然と地中海性の温暖な気候に恵まれた観光の拠点でもあった。不思議な自然石が群立するストロマトライト、大きな波の壁のような岸壁が続くウェーブ・ロック、絵葉書のように美しい巨大なキングスパークなど、ヨーロッパやアメリカ、アジアからも多くの観光客が訪れていて、ホテルの客も多国籍だった。日本の調理師学校に求人があったことからも、パースという町のオープンで自由な空気がうかがわれる。日本人の舌にあった料理人を求めていたのだ。

新しい職場はホテルオリエンタル。最初は皿洗い、野菜の皮剥き、使い走りと、お決まりの雑用ばかりだったが、それがまったく苦にならないくらい坂井は「おとな」になっていた。それは、二ヶ月におよぶ船旅で見続けていた司厨長の背中のせいだった。それまでは「いつになったら料理人になれるんだ」という焦《あせ》りばかりが先行し、経験や実力が追いつかない空回りの日々だったが、その頃からは、ここで経験する何もかもが将来に繋がることを確信できるようになっていた。「頑張ればきっとなれる」から「頑張らなければ絶対になれない」という、現実を見据えた強い決意が、シェフになるという彼の信念を揺るぎないものにしていたのである。

厨房で働く従業員の国籍もさまざま。日本人は坂井ひとりだったが、中国人も、アフリカ出身の人もいて、フランクな雰囲気で楽しかった。食材も調理器具も初めて見るモノばかり。坂井は片っ端から「What is this？」と聞いてまわった。聞けば何でも教えてくれるし、先輩はやさしく、仲間も親切だった。

休みの日には先輩に誘われ、ドライブに行くようなこともあった。真っ青な空、どこまでも続く緑の大地、広く果てしない海、豊かな自然溢れる土地で、羊を蒸し焼きにしたポリネシア料理やワニやカンガルーの料理といった、見たこともない珍しい料理を知った。木になっているアボカドを初めて見たのも、この時のことだ。小さな田舎の村で育ち、弁当屋とホテルの洋食と、あとは調理師学校の授業しか知らない坂井にとって、見るモノ聞くモノ何もかもが珍しくおもしろく、興味が尽きなかった。

厨房では、誰もが自分の技術をアピールする。確かな技術を見せて、それが認められると仕事を任されるというシステムだ。調理師学校時代の経験がここで生きた。

ある時、坂井は、「魚をさばくなら、ここの誰にも負けない」と宣言した。ここでは魚をハサミでおろしているので、包丁でおろすと言うと、みんなびっくりした。

さっそくテストが行なわれた。課題は舌平目。舌平目はとりわけ薄い魚なので、下手におろすと骨に身が残ってしまう。それを包丁でやるというのだからみんな半信半疑だ。

子どもの頃から手先は器用、それに長年調理師学校で基礎を叩きこまれている。ここぞとばかり張り切った坂井は、彼らの前でいとも簡単に舌平目を三枚におろした。

息をのんで手元を見ていた先輩と同僚は、その包丁さばきに目を丸くした。「こりゃ驚いた！」「信じられないよ。ヒロはすごいね！」と口々に声をあげ、惜しみない拍手でたたえてくれた。

この一件から、坂井は魚の仕込みを任されるようになる。

一年八ヶ月の間に、坂井は魚料理担当になっていた。年功序列の日本では考えられないことだが、ここの厨房は実力主義。日本からやってきた若者は、立派にその責務を果たしていた。

パースという土地の気風なのだろう。あからさまな人種差別や年齢や経験による偏見を感じることもなく、坂井は料理人としての最初の時期を、溌剌《はつらつ》と楽しく過していた。仕事にはやりがいがあった。職場も楽しかった。このままずっとここで働くのも悪くはないとさえ思っていた。しかし、「それは違う」という気持ちが心の奥底にはあって、ことあるごとに、「フランス料理のシェフになる」という目標へ向かう途中だということを再認識した。

一九六三年（昭和三八）十二月、坂井は日本に帰ることにした。今度こそフランス料理を目指すのだと心に決めて。パースに渡って二年半、坂井自身、遅すぎるリスタートのような気さえしていた。

南半球は真夏だったが、日本に降り立つと木枯らしが吹いていた。パースで過ごした日々とは、なにもかもが真反対の世界に飛び込むことになる。寒風に覚醒された思いで、坂井は迷わず東京へ向かった。

ムッシュ志度

伝説の料理人・志度藤雄は、フランス料理人を目指す人間なら誰しも、強い憧れと尊敬の念を抱かずにはいられない人物で、人々は彼を最大限の敬意をこめて「ムッシュ志度」と呼んだ。

天皇の料理番としてその名を知られる秋山徳蔵の一番弟子「京都萬養軒」（一九〇四年創業の老舗で宮内庁御用達の名店。現在は「ぎおん萬養軒」）の今川金松に弟子入りし、多大な影響を受けたことからフランス料理を志し、日本郵船「香取丸」のコックとして乗船、渡英する。ロンドンまでたどり着くが、船から逃げ出し、ピカデリーホテルに潜り込む。ところが不法入国で収監され、強制送還途中のマルセイユで再び逃亡。以来、パリのホテルやレストランで働きながら名門料理学校のコルドンブルーに通う。

パリのレストランで、当時の駐仏外交官・重光葵《しげみつまもる》や吉田茂と知遇を得、招かれて在英国日本大使館のシェフを務める。一九四〇年日独伊三国軍事同盟が締結された翌年、日本大使館は閉鎖。志度も帰国し、その後は吉田茂の料理番となる。吉田没後は、数々の名店で腕をふるっていた。

意気揚々と帰国した坂井だが、確たる宛があるわけではない。来る日も来る日も、悶々《もんもん》としながら新聞の求人広告を隅から隅まで眺めていた。

そんなある日、銀座五丁目に店を構えるレストラン「コックドール」が、志度藤雄がシェフを務める本格的なフランス料理店を開店するにあたり、厨房で働く料理人を募集するという広告が目に飛び込んだ。

坂井は、天からの啓示のように思えた。その瞬間から、坂井の頭の中には、志度の下で働く自分の姿が浮かび、もうそれでいっぱいになってしまった。

六回にわたる面接を無事通過し、坂井は晴れて「四季」の厨房で働くことになった。

「四季」は、完全に志度の店だった。

坂井はストーブ前の助手として採用された。定時の始業は九時だが、坂井のような下働きの料理人は八時には出勤した。しかし、志度はそれよりも早く厨房に立って何かをはじめていた。

夜も同様で、すべての後かたづけが終わると志度は、「もういいよ、ご苦労さま」と、スタッフに声をかけ、それからもずっと厨房に残っていた。坂井は、明かりが消えて暗くなった厨房を見たことがなかった。

志度は完璧主義だった。どんな細かいことも人に任せず、必ず自らチェックした。素材、下ごしらえ、調理はもちろん、盛り付けまで、ひとつでも志度の目にかなわないと、その料理はそこまで。すべてがやり直しになった。


これより七年後の一九七〇年（昭和四五）一一月二五日、作家・三島由紀夫（当時四五歳）が、彼の私兵・盾の会メンバー四人と共に東京市ケ谷の陸上自衛隊に乗り込み、バルコニーで演説後、東部方面総監部総監室で割腹自刃した。いわゆる三島事件である。

その前夜、三島は、運命を供にした森田必勝《まさかつ》をともない、「四季」に現われ、ふたりでゆっくりと志度の食事を楽しんだという。三島の最後の晩餐には、完璧なまでに作り上げられた志度の料理が似つかわしかったのだろう。

志度の下で働くという坂井の夢は叶《かな》ったが、それは同じ厨房で働くというだけのことで、坂井にとって志度は、依然として雲の上の存在だった。「四季」で働いた二年間、直接指導を受けるということはなかった。

志度は、料理については厳しいが理不尽に怒る人間ではなかった。ただ一度だけ、坂井は怒られたことがある。サラダオイルの缶を開けるのに、近くに置いてあった包丁研を無造作に使おうとしたところ、いきなり頭を殴られたのだ。それは志度が大切にしていた包丁研ぎだった。志度が激怒するのも当然のことで、坂井にとって、これが唯一の志度との思い出だったという。

ムッシュ志度も「四季」も、坂井にはあまりにも偉大過ぎた。下働きが辛いとか嫌だとかいうのではなしに、自分が働ける場所が欲しかった。身の丈にあった職場で、自分の手で料理が作りたかった。料理を作りながら勉強したかったのだ。

坂井は「四季」を辞め、料理店を転々としながら食いつなぎ、ほどなくして、新宿歌舞伎町の「チボリ」というイタリアンレストランで働くようになる。歌舞伎町は言わずと知れた夜の町。夕方六時から明け方三時までの営業で、店はいつも着飾ったホステスで賑わっていた。

当時、坂井は大久保のアパートに住んでいたので、「チボリ」には歩いて通っていた。それでも暮らしは苦しく、昼間は近くのガソリンスタンドでアルバイトし、夕方から店に出るという生活だった。

イタリア料理といっても、昨今のイタめしとはまったく様子が違い、当時はナポリタンやミートソースが主流で、それも缶詰のミートソースやケチャップを使うところがほとんどだったが、この店では、本物のオリーブオイルやイタリアントマトの缶詰を使ってトマトソースを仕込んでいて、坂井にとってはじめて知る本格的なイタリア料理ばかりだった。

ここでは、最初から調理場に立つことが許され、イタリア料理の「いろは」をシェフから教えてもらうことができて、やりがいもあって楽しかった。息の詰まるような「四季」とは比べ物にならないくらい自由で充実した毎日だった。

若者が夢中になって過ごす歳月は、瞬く間に過ぎてしまう。二年ほど経った頃、坂井は再び、自問自答することになる。「フランス料理のシェフになるはずだったのに」と。

恋文横町

東京渋谷に恋文横町という一画があった。道玄坂と東急本店通りをつなぐ路地で、魚料理の「魚久」（現在は渋谷１０９内）、鯨料理の「元祖くじら屋」の少し先の路地に店がひしめきあっていた。いまは跡形もないが、朝鮮戦争当時、本国へ帰還したアメリカ兵宛のラブレターを書く代書屋があって、これを題材にした丹羽又雄の小説『恋文』からこの名で呼ばれるようになった。後に田中絹代主演で映画化され、渋谷ではハチ公像に次ぐ名所になったが、小説の舞台は一九六五年（昭和四〇）に火災で焼失した。

その跡地に「恋文横町此処《ここ》にあり」の看板が掲げられ、再び新しい横町ができた。その入り口近く、薬局の角を入ったところに、「レンカ」というレストランがあった（二〇〇四年閉店）。硝子のショーケースに蝋細工が並ぶ庶民派の洋食屋だった。

一九六七年（昭和四二）坂井は、この店で働き始める。

待遇はシェフの助手だが、シェフはかなりの年配だったので、ひととおりのことを坂井に教えると、厨房の隅に座り、坂井の働きぶりを眺めているというような具合だった。特に注文をつけることもなく、坂井が何かを聞けば何でも教えてくれるような、穏やかで静かな人だった。

肩書こそ助手だが、調理を任される立場になったことで、坂井は張り切った。少しずつだがアレンジも試み、メニューを工夫していった。そんな時も、坂井のアイディアに異を唱えることもなく、「そうか、やってみろ」と言うだけだった。坂井は厨房に立つのがおもしろく、店にいる時間が楽しくてならなかった。

「レンカ」の客に、ターキーこと水の江滝子（もとＳＫＤのスター。当時は石原裕次郎を世に出したプロデューサー）が経営するクラブ「マジョリティ」で働く人がいた。「マジョリティ」があった原宿セントラルアパートは、上層階が事務所、地下が店舗で、コピーライターやカメラマンといった、いわゆる業界人が入居していた。クラブの客には石原裕次郎や美空ひばりといったスターもいて、当時最先端の文化人が集う場でもあった。坂井は伝を頼って、休業日には「マジョリティ」の厨房でも働いた。

坂井が休みなく働いたのには理由があった。「レンカ」のフロアで働く、一歳年上の光子と結婚したからだ。二人は渋谷に近い神泉《しんせん》に部屋を借り、新婚生活をスタートさせていた。

万博の厨房

一九六九年（昭和四四）の年末、休みなく働き詰めの坂井のところに、万博会場の名鉄グループのレストランでシェフをしないかという話が舞い込んだ。支配人に決まった「チボリ」の常連が、そのレストランを任せたいと言うのだ。二〇人のスタッフを率いる仕事で、つまりは、シェフ。万博終了後は名鉄関連のホテルのレストランで働けるという。

「レンカ」で働くようになって二年、結婚し、何としても安定した収入が欲しかった坂井は、迷うことなく、この話を受けた。正真正銘のシェフとして、ようやく第一歩が踏み出せることになったのだ。坂井は繁忙期の年末までで「レンカ」を辞め、妻を東京に残して、意気揚々と千里に乗り込んだ。

一九七〇年（昭和四五）三月から九月にかけて、大阪千里が丘で万国博覧会が開催された。それは、一九六四年（昭和三九）のオリンピック東京大会に続いて、敗戦国日本が、その復興と経済成長を象徴する最大のイベントだった。

新聞もテレビも雑誌も、開催前から連日万博を取り上げ、日本国中がこのお祭り騒ぎに熱狂した。「人類の進歩と調和」というテーマのもと、世界七七カ国とEUの前身であるECなど四つの国際機関が参加した。アポロ11号が持ち帰った「月の石」が展示されるというアメリカ館に注目が集まり、三波春夫が歌う「世界の国からこんにちは」を子どもたちが口ずさみ、桜の花にEXPO70とロゴが入ったポスターが町にあふれた。

オリンピックからすでに六年、日本は少しだけ豊かになっていて、頑張れば誰もが万博に行くことができるような空気があった。大阪に近い親戚を頼り、遠方から足を運ぶ人も多く、約六四〇〇万人が会場に足を運んだ。日本人の二人にひとりが訪れたことになる。

この年に公開された山田洋次監督の映画『家族』には、北海道へ移住する一家が、途中、万博会場を訪れるシーンがある。その映像どおりの混乱と戸惑いと消耗が会場のいたるところに渦巻いていたことを、中学を卒業したばかりの私は鮮明に覚えている。人気パビリオンには果てしない行列ができ、ゆっくり座って食事をすることもできず、ここへ来るまで抱いていたワクワク感が一気にしぼんでしまったような困惑と寂しさが残った。それは、背伸びをした日本人の哀れとでもいうような、何ともやるせない気持ちだったように思う。

会場内のレストランは連日満席。もちろん坂井が働くレストランも例外ではない。厨房はまるで戦場のようで、一日中休む間もない。

休みなく働きながら、坂井はオーストラリアに向かう船の厨房の司厨長の仕事を思い出していた。厨房を預かるということ、スタッフを率いてレストランを運営するということは、ただ好きな料理を作っていればいいというわけではない。材料の手配、調理の合理的な手順、スタッフのチームワーク、お客様へのサーヴィス、何から何まで、どうでもいいということは一つもない。すべてが順調に進んでこそ、組織が動く。坂井はこのとき、憧れ続けていたシェフという仕事が、いかに責任の重いものかを痛感していた。

秋、万博は終わった。

坂井は琵琶湖畔の保養所で働くことになっていたが、やはりフランス料理が諦めきれなかった。フランス料理のシェフになるため、もう一度、東京で働くことを心に決め、妻の待つ東京へと向かった。一九七〇年晩秋のことである。

働けど、働けど

「ひろ、手に職をつけやん」。幼い頃から母に言われ続けたひと言が、坂井には身にしみる日々だった。料理の腕さえあれば、生まれたばかりの長男と親子三人、とにかく生きていくことはできた。いくつかの職場をかけもちしながら、昼も夜も働いた。

その中の一つ、青山の「ココパームス」（一九六六〜一九八八）は、エルビス・プレスリーの映画「ブルーハワイ」のロケ地として知られるカウアイ島ココパームスに因んだ店である。羽田、ホノルル間にボーイング747が就航（一九七〇年）して以来、ハワイ旅行が身近になり、誰もがハワイに憧れた時代である。木製の店内、白壁に青の窓枠といった、ハイセンスな設えは、当時のレストランとは一線を画していて、芸能人を見かけることも少なくなかった。

メニューは、フレンチテイストのアメリカンといったところ。他店にはない牛ヒレステーキバターライス添え「エスコフィエ」と、牛ヒレのロシア風煮込みバターライス添え「ビーフストロガノフ」が人気で、ケーキをホールから切り分けるパフォーマンスが評判だった。

店の上階は住居棟になっていて、そこに、深夜、出前を注文する客がいた。

四〇年くらい昔、坂井さんが作る美味しい料理を、僕は毎晩のように食べていたのですよ。当時、昼夜が逆転した生活をしていましたから、深夜遅くに夜食と称して、名前は思い出せないのだけれど、ピラフの上にミニッツステーキがのっかって、その上に美味しいソースがかけられた料理を、マンション階下のレストランから出前してもらっては、仲間とわいわい言いながら食べたものです。坂井さんの作るスタミナたっぷりの深夜のステーキは、とても美味しくて、わが青春の味そのものでした。

奇しくも僕らは同い歳とか……。六〇を過ぎて、お互いに円熟した大人の味になったようにも思いますが、坂井さんの料理には、あの頃の青春のときめきが秘められているような気がしてなりません。四〇年ぶりに是非一度、今の坂井さんの料理を食べてみたいです。

九代目松本幸四郎（二代白鸚）

一〇余年前のこと、テレビ番組「コトバ咲く―絆がくれたメッセージ」（テレビ東京）に手紙を寄せたのは、歌舞伎俳優九代目松本幸四郎（二代白鸚）。坂井は、オーダーの主が幸四郎だとは知らず、出前を届けていたという。後年、「料理の鉄人」に登場した坂井を見て、すぐに彼だとわかった幸四郎は、番組の要望に応えてメッセージを寄せた。

幸四郎夫妻は一九六八年の年末に挙式、翌年の一月には『ラ・マンチャの男』主演のためにニューヨークへ渡り、三ヶ月間の舞台を終えて帰国した。ようやく落ち着いた新婚生活を始めたのが赤坂パークハウスの最上階。坂井が働くココパームスの上階だったのだ。

若き日の名優にとって、坂井が作る料理が印象的だったことを、雄弁に物語っている。

第3章　和のヌーベル・キュイジーヌ

スペシャリテ
「ラングスティーヌのクルージェット包み」

運命の出逢い

一九七一年（昭和四六）四月のこと。ホテルニュージャパンの事務所で、鮮治は新しい店の見取り図を広げて坂井に言った。

「キャリアがそこそこでも、新しいフランス料理を積極的に考えてくれる人が欲しいのです。フランス料理は、まだポピュラーなものとは言えません。でも一〇年先、一五年先を考えて、私と共に私の夢にチャレンジしてくれる、それができる人物をシェフにしたい」

銀色の髪に仕立てのいいスーツ、甘い香りを漂わせたハンサムな鮮治を前にして、二九歳の坂井はすっかり圧倒されていた。上品なたたずまいは、坂井が今まで出逢った誰よりも抜きん出ていて、まるで別世界の人のように感じた。

そんな彼の言葉もまた、坂井の意表をつくものばかり。フランスへ行ったこともなければ、本格的にフランス料理を勉強したこともない自分にシェフを任せたいという。それに、鮮治が構想する新しいフランス料理がいったいどのようなものなのか、見当もつかなかった。多少のキャリアはあるものの、さすがにシェフは固辞する以外になかった。

しかし、これは千載一遇《せんざいいちぐう》のチャンスだということも、よくわかっていた。この店を任されるシェフの下で修行できるということは、最高の経験ができるということだ。

坂井は、自分の気持ちを正直に鮮治に伝えた。

「シェフはそれまでに探すことにしましょう。坂井さんにはスー・シェフ（副料理長）としてやってもらうということで、とにかくスタッフの一員として、いろいろと開店の準備をしていただけませんか」

こうして、伝説のレストラン「西洋膳所ジョン・カナヤ麻布」の物語が始まった。


デラシネのように厨房を渡り歩いていた坂井が、「元狩《げんしゅ》」という会員制のクラブの厨房で働いていた時のことである。この店の常連だったインテリアデザイナーの藤井に呼び出された。

藤井は、日光金谷ホテルや軽井沢万平ホテルを手掛けた久米権九郎の久米設計事務所でインテリアを担当していて、西麻布の金谷マンション内に予定されているレストランのデザインの傍ら、施主である鮮治に、店を任せるシェフ探しを頼まれていたのだ。

鮮治は、既存のフランス料理の概念にとらわれない若いシェフを求めていた。渡仏や一流ホテルの経験より、進取の精神に富んだニュートラルな人材が欲しかった。それこそが、鮮治の夢を実現するための最も重要な要素であることを、誰よりも鮮治自身がわかっていたからだ。

藤井がどのような理由で坂井を推したのか、その真意はわからない。しかし、このマッチメイクの成功は、藤井にとって意外なことではなかったように思う。藤井のアーティストとしての勘とでもいうべきものが、二人のなかに共鳴し合う何かを感じていたに違いない。

「生意気だね」とは、鮮治が漏らした初対面の坂井の印象だ。鮮治は坂井のなかに、料理に対する強い情熱とハングリーな精神、天性の勘の良さ、そして決して表には見せないコンプレックスを、瞬時にして見抜いていたのだろう。このひと言に、挑戦的な若者に対するシンパシーが見て取れる。

「幸運の神様には前髪しかない」という。坂井はその前髪をつかみにかかった。これまでの人生と同じように、坂井は後ろを見ることはしなかった。


開店は七ヶ月後の一一月二日と決まっていた。坂井は、もうすぐやってくる一流のシェフに、胸を張って完璧な準備を見せたいと思った。厨房の設備や調理器具、食器の選定など、開店に向けての仕事は山のようにあったが、坂井はひとつとして手を抜かず、念入りに準備していった。

瞬く間に夏は過ぎ、秋の気配が色濃くなっても、なかなかシェフは来なかった。

ある日のこと、坂井は思い余って、いつになったらシェフが来るのかを鮮治にたずねた。

「とにかく君がシェフということでオープンしてくれ。そのかわり、帝国ホテルの人を顧問につけるから」

こともなげに答える鮮治からは、笑みさえこぼれていた。

坂井は愕然とした。チャンスどころの話ではない。まさに窮地。背水の陣である。しかし、尻込みしている場合ではない。何としても店を開けなければならない。何よりも、ここまで自分を信頼してくれている鮮治の気持ちに報いなければならない。退路を断たれた坂井は、腹をくるしかなかった。

「承知しました。やりましょう」

胸を張って、大きな声で、しかし、ほんの少し震えながら、はっきりと言った。

すべては、鮮治の筋書通りだった。鮮治は最初から、若い坂井をシェフに据え、鮮治が思い描く料理とシェフとを、共に自分の手で育てたかったのだ。

帝国ホテルのレストランで働く人物に顧問を依頼していたのは事実だが、ホテルの厨房で働く料理人は、そのスタイルを崩すことを好まないのが常である。顧問の話が白紙になった時点で、店の運命は完全に坂井に委ねられることになったのである。

懐石料理の技

日本料理の最高峰といえば、湯木貞一《ゆぎていいち》が創り上げた大阪の「吉兆《きっちょう》」があげられる。湯木は茶道に造詣が深く、料理人として初めて文化功労者になった人物でもある。

神戸の鰻とかしわ（鶏肉）料理専門店「中現長《なかげんちょう》」の長男に生まれた湯木は、店を継ぐために一五歳で見習いとして実家の板場に入った。二四歳の時、一緒に働く大阪の大店「魚岩」の甥から借りた本で、茶人としても高名な江戸時代の松江藩主・松平不昧《まつだいらふまい》が茶事について書き残した『茶会記』を知る。ここに書かれた懐石料理に深く心を動かされ、やがて独立を考えるようになった。大阪の新町に「御鯛茶処吉兆」を開店したのは二九歳。これより湯木は、それまでの日本料理に茶事における懐石を取り入れ、その上で独自の工夫を凝らして、日本料理を世界に通用するレベルにまで磨き上げていったのである。

懐石料理とは、その字の如く、温めた石を懐《ふところ》に抱いて空腹を抑えるという意味で、ほんの少しずつの料理に、季節の素材や、その茶席の趣を感じ取りながら、最初の濃茶にはじまって、まるで絵巻物のように味わう料理である。

茶道研究家で歴史学者でもある熊倉功夫《いさお》は「料理・茶の湯・風流 ―― 湯木貞一翁の世界」のなかで、

「中世末に料理に革命をおこしたのが千利休であったとすれば、近代に日本料理を大きく変えたのは北大路魯山人氏と湯木貞一翁であった。……懐石はあくまで、茶の湯という風流な遊びのなかで、茶をおいしく飲むための料理であって、日本料理の本流ではない。いわば傍流にある懐石を、日本料理の本流に引き寄せたのが湯木貞一翁の革新だったのである」（『吉兆　湯木貞一のゆめ』湯木美術館／編）と評している。

この湯木のもとで研鑽を積んだ中谷文男が、暖簾分けを許されて心斎橋に「味吉兆」を開店したのは、万博が開催された一九七〇年（昭和四五）のことだった。

「西洋膳所ジョン・カナヤ麻布」開店までひと月を切った頃、鮮治は坂井に、「味吉兆」の講習会に参加するように言った。

顧問になるべき帝国ホテルのシェフは現れないまま、坂井は必死になってメニューを考えていた最中のことである。坂井は鮮治の真意をはかりかねた。フランス料理店を開くのに、なぜ日本料理を、それも懐石料理を勉強しろというのか、皆目《かいもく》見当もつかなかった。

驚いて何も言えない坂井に、鮮治は説いて聞かせるように続けた。

「日本は、これから経済的にも豊かになっていきます。日本人の胃袋も、いままでとは違う物を求めるようになります。一度にいろいろな味を食べたくなる。でも、これまでのボリュームあるフランス料理では、すぐにお腹いっぱいになってしまいますよね。そう、食べきれないんです。日本人には日本人に好まれる、日本人にあったフランス料理があってもいい。そこで、四季折々の食材を使った懐石料理を取り入れて、新しいフランス料理を創れないかと思っているのですよ。それを「味吉兆」から学んできて欲しいのです。だから、ぜひ勉強してきてください」

「わかりました」とは言ったものの、坂井はいらだった。「今までフランス料理を目指して必死でやってきて、いまさら何で懐石料理なんだ！」と、声にこそ出さないが、肚《はら》ではそう思った。

鮮治の指令はまだまだ続いた。ホテルニュージャパンの日本料理総料理長・吉田勇吉、吉田の一番弟子で「鬼怒川温泉ホテル」の鳥海孝二、その弟子の古指《こさし》八朗のところへ行って、日本料理文化全般の指導を受けるようにと。さらには、「吉兆」「辻留」といった超のつく一流店へも行かされた。驚いたのは、どこの店へいっても、金谷鮮治の名前を出すと厨房へ案内してくれたことだ。鮮治は、日本料理の世界、それも格式の最も高い世界を知りつくした極め付きの粋人でもあったのだ。

秋が深まるのと同時に、坂井にとって怒濤のようなひと月が過ぎた。この経験で、それまで坂井が抱いていた日本料理への偏見はものの見事に消え去り、懐石料理のすばらしさに、すっかり打ちのめされていた。そればかりか、一流の料理人が作る一流の料理に触れることで、自分自身の料理の幅が無限に広がっていくような気さえしていた。季節の旬の素材、繊細なカッティング、優美な盛り付け、そのなかに垣間見ることのできる遊び心……めくるめく懐石料理の世界に、坂井は魅了されていった。

料理を極めようとする者は、食材に対して誠実である。そして、その食材を最大限に生かすことのできる技を真摯に追求する姿勢において、古今東西、違いなどまったくない。坂井はひとりの料理人として、未だ眠っていた部分を覚醒させられる思いだった。日本料理の世界は、坂井に新しいフランス料理を想像させる大きなヒントをもたらしたのだ。

またしても坂井は、鮮治の術中にはまった。そして、とうとう顧問なる人物も現れぬまま、開店の日を迎えることになった。

坂井は「アミューズ」として、和の豆皿に盛り付けた一〇種のオードブルを考え出した。それはまるで、懐石料理の口取りのようでもあり、洒落ていて美しく、何よりも驚きに満ちていた。

コウナゴのペースト

一九七一年(昭和四六)一一月二日、当初の予定どおり「西洋膳所ジョン・カナヤ麻布」は開店した。「膳所」は、「ぜんどころ」と読む。食膳を調整する場所、台所の意味である。「膳」にこだわり、吉野杉の箸が和紙の箸袋に包まれて供された。

岩手県二戸《にのへ》で産出される漆で仕上げられた浄法寺塗《じょうほうじぬり》の汁椀も用意された。

フランス料理店でありながら、和にこだわった、日本人のアイデンティティーを失わない鮮治の姿勢が垣間見られる。

スタッフは六人で、厨房は坂井の下に、万博のレストランで共に厨房に立ち、その後は銀座のイタリアンレストランで働いていた内藤憲一と西麻布のフレンチレストランで働いていた山田潔の三人。そしてフロアも三人という、こじんまりとした店にふさわしい体制で臨んだ。

鮮治が卒業した誠之小学校の同窓会名簿「誠之十二年会」には、綺羅星《きらぼし》のごとく政財界の名士の名前が記されている。これを使わない手はないと、そこに開店のご挨拶、そして「お誕生日のお客様はご招待」つまり「お一人様無料」のダイレクトメールを出した。誕生日に一人で食事をする人は、まずいない。そこで、友人や家族を誘って来店を促すことを考えついたのである。

このような努力が功を奏して、鮮治につながる客はあったが、店はおおむね暇だった。坂井なりに心と技をつくした料理を作っていたし、味には自信もあった。しかし、食材もワインも超一流のものを揃えていたにもかかわらず、それらが評価される機会があまりにも少な過ぎた。

坂井は、すべての原因が自分にあるような気がして落ち込んだ。経験が少なく、知名度もない若いシェフが作るというだけで、鮮治に迷惑をかけているのではないかとさえ思った。

「これは僕の道楽です。だから心配しないように。とにかく三年。三年待ちなさい。いまにきっと、この店の料理が支持されますよ」

鮮治は、いつも平然とそう言い放った。

ディナーの客単価は当時で三万円。これは、いかにも浮世離れした値段だった。

もちろん営業は夜のみ。食前酒はマティーニやキール。ワインは当時全盛だったメルシャンをはじめ、ボルドー、メドック、デザートワインのソーテルヌやイタリアのキャンティが揃えられた。

食材、店の設え、食器、サーヴィス、何もかもに超一流を提供するという鮮治の考えからすれば三万円は妥当な数字であったが、高度成長期真っただ中の東京とはいえ、突如として、しかも、ひっそりと看板を掲げたレストランは、「その日」がやって来ることをひたすら待つしか手立てはなかった。

しかし、同じような話はどこの世界にもある。それを耐え抜くか、投げ捨てるかは、その人の覚悟次第。「吉兆」の湯木貞一でさえ、独立して最初に構えた「御鯛茶処吉兆」開店の日は、ひとりも客が来なかったという。

店には鮮治の席があって、そこに客を案内することはなかった。それは金谷ホテルの伝統でもあったようで、日光金谷ホテルにも箱根の富士屋ホテルにも、メインダイニングの一番奥、すべての客のテーブルが見渡せる場所に当主の席があった。鮮治もまた、その席に座り、玉枝夫人や長男の輝雄、長女の百合子と共に、ゆっくりと坂井の料理を楽しんでいた。

しかし、相変わらず客足は鈍いままで、その秋は終わった。

そしてレストランにとっては佳境《かきょう》のクリスマスが近づいたが、イヴの夜は定休日と重なったこともあって予約は入らなかった。坂井はその夜、友人の鎌田昭男がシェフを務める六本木の「オゥ・シュヴァル・ブラン」へ行った。もちろんディナーを楽しむために。それを見た鎌田は、「シェフがクリスマスに何をしているの?」と、たいそう驚いたという。

鎌田は、フランス料理に初めてポアソン・クリュ(生魚＝刺身)をメニューに入れた人物で、このあとホテル西洋の初代総料理長を長く務め、現在は東京ドームホテル総料理長として活躍している。坂井や「クイーン・アリス」(当時は「ビストロ・ロティウス」)の石鍋裕らと共に、三〇代のフランス料理人グループ「クラブ・デ・トラント」（詳細は後述する）を発足させた仲間である。

客の入りを気にする様子など毛筋ほども感じさせない鮮治をよそに、これまでの人生、休む間もなく働き詰めであった坂井にとって、三年の猶予はあまりにも長過ぎた。最高の食材を仕込んでも、予約の電話を待ちわびる毎日。暇を持てあましスタッフと将棋盤を囲むこともしばしばだった。

レストランは二階で、上階は住居棟になっていたため、屋上に上がると住民に会うこともあった。ジャズ・ミュージシャンの渡辺貞夫は、いつもサックスを吹いていた。

バークリー音楽院留学から帰国した渡辺が、ジャズを超えたフュージョンの音楽を創り始めた頃で、話題のヒットアルバム『カリフォルニア・シャワー』（一九七八年）を世に出す前のことである。

もうひとり、屋上にトレーニングマシンを持ち込み、筋トレに励む人物がいた。彼は、倍賞美津子と新婚生活をスタートさせたばかりのアントニオ猪木。

華奢な身体が嫌でたまらなかった坂井は、猪木と並んでトレーニングに励む毎日だった。

悠然と機が熟すのを待つ鮮治だったが、坂井に宿題を課すことも忘れなかった。

「コウナゴでペーストが作れないかな？　あれを塗ったカナッペは、きっとワインによくあうと思う」

既存の枠にとらわれない鮮治の発想に、坂井はいつも驚かされた。

コウナゴはイカナゴの稚魚。佃煮にする小さな魚である。イカナゴは兵庫県明石周辺の郷土料理「くぎ煮」で知られているが、それをカナッペ用のペーストにしたいという。ロボクープもバーミックスもない時代である。坂井はすり鉢とすりこぎでコウナゴを潰してペーストを工夫した。これは絶妙な味わいで、鮮治を大いに満足させた。

吃音とパフォーマンス

坂井には子ども時代からの吃音《きつおん》が残っていて、そのため、人前で話をすることを苦手としていた。上京してすぐに、原宿にあった吃音を治す学校にも通ったが、厨房で働くのに差し障ることもなかったので、長くそのままにしていた。ところが、事態は坂井にとってただならぬ方向へと進んでいった。

鮮治はフロアに出て、客のテーブルをひとつひとつまわり、挨拶をするのが常だった。その際には必ず坂井を伴い、「店を任せている若いシェフ」を誇らしげに紹介したからだ。

確かに、客の不入りで滅入っていた坂井を励ます意味もあったのだろう。しかしそれ以上に、鮮治はこのレストランを、美味しい料理を提供するだけの店ではなく、食事をする時間が客にとって至福であるような、究極の「もてなし」の空間にしたいと考えていたようだ。それは、鮮治がホテルの何たるかを知りつくした金谷家の人間だったからである。

初めてフランス料理店のシェフとして腕をふるう坂井

客が目の前の料理を作ったシェフの姿勢や人柄に触れることで、その料理にまつわる世界が広がり、料理とその物語を楽しむことができる。味覚だけにとどまらない料理の世界を、鮮治は創り上げたかったように思う。

食材や料理について説明するのは、オーナーではなくシェフであるべきという考えのもと、厨房に引きこもっていた坂井をフロアへ引っ張り出した。当初は口籠っていた坂井だが、半年ほどもするとそれにも慣れた。

その頃には、次なる課題が鮮治から課せられるようになった。それは、フロアでのパフォーマンスである。

「クレープ・シュゼットは、シェフがフロアで作りなさい。

それを見てほかのお客様が注文することもありますから」

と、フロアでのフランベを提案したのだ。

当時、客にフランベを披露するのは、結婚式のデザートの定番「ベイクド・アラスカ」くらいのもので、レストランでは極めて珍しいことだった。

クレープ・シュゼットはオギュースト・エスコフィエのレシピにもある伝統的なデザートで、クレープをグランマニエやコニャックでフランベしたもの。ヨーロッパでは「ゲリドン・サーヴィス」と呼ばれるワゴン・サーヴィスで、ギャルソン（給仕）がパフォーマンスを披露したあとに取り分ける。海外経験の豊富な鮮治は手順を熟知しているものの、坂井はオーストラリアでも見たことがなかった。鮮治は厨房で坂井に手ほどきすると、「笑顔でね」と、付け加えることを忘れなかった。

調理はお手のものだが、フロアで披露するとなると勝手は違う。坂井は緊張で上気している自分を感じながら初体験に臨んだ。

ところが、坂井の不安は杞憂《きゆう》に過ぎなかった。フランベの青い炎が上がり、「わぁ……」という驚きの歓声。グランマニエの甘いオレンジの香りが立ち上ると、坂井は得もいわれぬ快感を覚えたのだ。何よりも、自分の料理を味わってくれる客の反応が嬉しかった。フロアでのパフォーマンスがこんなに楽しくやりがいのあるものだということを、坂井は初めて知った。

半年ほど経つと、坂井は次なるパフォーマンスを考え始めた。

これもまた、鮮治のプランどおりだったのである。

自分の店だと思って

フロアで接客を任されたのは、ホテルマンとしてのキャリアを積んでいた加藤正光。彼は、鮮治に、「お客様に接する時は、自分の店だと思っておもてなししなさい」と、常に言われていた。

父が働く日光金谷ホテルにページボーイ（給仕）として入社したのは、中学を卒業したばかりの一五歳だった。それは、東京オリンピックの年で、日光にも多くの外国人観光客が訪れていた頃のことである。中禅寺金谷ホテルで働き始めたのだが、一年も経つと観光客が激減し、ホテルもすっかり暇になってしまった。

次なる職場を東京に求めた加藤は、西武系のホテルに再就職するも、父の急逝で帰省を余儀なくされる。中禅寺金谷ホテル時代に世話になった人物の口添えで鬼怒川温泉ホテルに務めるようになるのだが、これを契機に、彼の運命もまた、大きく変わっていった。

当時の鬼怒川温泉ホテルは和風旅館の趣だったこともあり、従業員にホテルを知っている者は皆無だった。ところが、社長の鮮治が目指すのは欧米式ホスピタリティである。生粋のホテルマンである加藤は、あらゆる場面で鮮治に重宝がられ、やがて、鮮治が「西洋膳所ジョン・カナヤ麻布」の前身である赤坂の「ボンジュール」を経営するにあたって、そのスタッフとして活躍することになる。

伝説のレストランの前身についても触れなければならない。

ホテルニュージャパンから目と鼻の先、赤坂見附の交番と向かい合わせたビルの一階に「ボンジュール」はあった。地下一階はニッカ・バーで、深夜まで人の往来が途絶えない赤坂という土地柄を考えた店づくりだった。さらに地下二階にはベーカリー。今でこそレストランとベーカリーの組み合わせは珍しくないが、当時としては他に類を見ない存在だった。

また、このベーカリーでは、当時まだ珍しいフランス風のレシピに基づくケーキを焼いていて、このケーキは、お中元やお歳暮に代えて、顧客の夫人の誕生日にスタッフによって届けられていた。日本にフランス菓子を最初に広めたのは、東京オリンピックを翌年に控えた一九六三年、ホテルオークラにパティシエとして招聘されたアンドレ・ルコントであることは知られているが、「ボンジュール」のベーカリーは、ホテルオークラとほぼ同時期に本格的なフランス菓子を供していたわけで、鮮治の先見性には驚くべきものがある。

「一歩も二歩も先を見ていた人」とは、鮮治を知る誰もが言うことだが、その新しさに時代が追いつくことはできず、「ボンジュール」が長く続くことはなかった。その後も、表参道に近い青山に深夜も営業するイタリアンレストランをオープンしたが、これも長くは続かなかった。

赤坂のディスコ「ビブロス」から飯倉のイタリアン「キャンティ」へハシゴするようないわゆる業界人が、深夜から朝まで界隈に集っていた時代である。彼らに本格的な料理の味がわかるかどうかは別として、この試みは、鮮治にとって、将来を見据えた市場調査が目的だったように思える。そういう意味では、満を持してオープンする理想の店「西洋膳所ジョン・カナヤ麻布」のための準備であって、「軽くおしゃれな料理」を肴に、ゆっくりと酒を楽しむ心地よい店と、そのコンセプトを確かなものにしていったに違いない。

「西洋膳所ジョン・カナヤ麻布」のテーブルは、通常のレストランよりも少し低めに作られていた。それは日本人の体格を考慮したもので、もちろん椅子も、ゆっくりとくつろげる高さのオーダーメイド。レストランではあるが、「酒を飲む」ことをコンセプトにした理想の高さが計算されていた。加藤の給料が三万円だった時代、椅子一脚が同額の三万円だったという。

したがって、フロアで接客する加藤は、常に膝をついた。ヨーロッパのサーヴァントよろしく、スッと傍に寄って跪《ひざまず》き、メニューを出すにも、灰皿を換えるにも、うやうやしく客に接した。厨房の坂井はそれを見て「なんだかなぁ〜」と、あまりおもしろくなく思ったが、それが鮮治のやり方だった。加藤は鮮治イズムをひたすら守って客に接し続けた。

「階段の下までも、お見送りをしなさい。お客様からチップをいただくまではね」

それが一流のホテルマンの心得だと、鮮治は加藤に教えた。客が気持ち良くチップを出す、そこまで心をつくす姿勢を求めたのだ。

「お金ではないのです。私の心遣いを評価してくださった対価として、私はチップをいただきました」

穏やかな口調ではっきりと断言する加藤に、「古き佳き時代」の生粋のホテルマンを垣間見ることができる。

ことサーヴィスにおいて、鮮治は実に厳しかった。現場を任されていた若い加藤には、常に穏やかでやさしく接していたが、支配人を任されていた坪田泰生《やすお》には高いハードルを設け、叱責することもしばしばだった。

坪田もホテルマンだった。「丸の内ホテル」のページボーイからスタートし、敗戦後は、客の荷物を運ぶためにリヤカーで東京駅からホテルまでを何度も往復したという経験を持つ人物で、サーヴィスの心得を熟知していることをかわれ、鮮治に引き抜かれた。加藤と同じく、赤坂「ボンジュール」時代から鮮治の元で働いていた。

どのような細かい弛みも見逃さない鮮治の厳しさは、優雅で穏やかで包容力に充ちた彼の存在そのもののなかに、恐ろしいほどの鋭さをもって顕在していたのである。それこそが、金谷鮮治という人物の魅力だったように思う。

はじめてのフランス

フランスを知らない坂井が、鮮治に連れられ、生まれて初めてパリを訪れたのは、店をオープンして間もない頃のことだった。こんな時期に……とは、誰もが思うことだが、鮮治はいっこうに気にすることもなく、すべてのスケジュールを決め、坂井に航空券を手渡した。

「これからの料理人は、料理だけが一流ならいいというわけにはいかない。料理の周辺も一流が必要です。料理人は、すべてにおいて豊かな感性を身につけることが大切なんですよ」と、戸惑う坂井に、鮮治は何も言わせなかった。

フランス料理を作りながらも、本場のフランスを知らないことにコンプレックスを持っていた坂井は、ひたすら努力するだけでは得られないものがあることに、その時初めて思い至ったのである。二九歳の若者にとって、鮮治が導いてくれた世界はあまりにも大きく、そして眩《まぶ》しかった。そのことがまた、若者のモチベーションに火をつけ、彼を何倍にも大きく成長させることになるのである。

これより、鮮治夫妻と坂井のフランス旅行は、毎年恒例となった。

当時、三ツ星レストランとして世界に注目されていたフェルナン・ポワンがシェフを務めるリヨン郊外の「ピラミッド」をはじめ、リヨンで店を構えるポワンの弟子「ポール・ボキューズ」、同じくポワンの弟子でロアンヌの「トロワグロ」……数々の名店から街の小さなレストランまで、鮮治は坂井にフランスの味を学ばせた。

パリで最も歴史のある老舗のレストラン「オ・ピエ・ド・コション」に行った時のこと。客であることに我慢できなくなった坂井は、ついに厨房へ入るべく、支配人に英語で直談判した。突然のことに戸惑う支配人を尻目に、坂井は一人でずんずん厨房へと進み、ステンレスの扉を思い切り押した。

厨房はどこも同じ。忙しく立ち働く男たちの周囲には、ピンと張った空気と熱気が充満し、それはまるで戦場だ。

ひときわ高い帽子をかぶったシェフらしき人物と目があった。その瞬間、彼には同業者であることがわかったのだろう。後から追って来た支配人の説明を聞くと、シェフは瞬く間に笑顔になった。

「よく来たな！ ジャポネ」

そう言うと坂井の肩を抱き、厨房の奥へと連れていってくれた。

坂井はパースの厨房でしていたように、

「これは何？ どうやって作るの？ どんな味がする？」

シェフを質問攻めにした。見るもの聞くもの、何もかもが新鮮で驚きに満ちていて、聞きたいことが次々と湧き上がってきたからだ。

そんな坂井に嫌な顔一つせず、シェフはすべての質問に答え、鍋のソースまで指ですくって舐《な》めさせてくれた。

興奮で真っ赤になった坂井の顔は、席に戻ってもなかなか収まる気配はなかった。

そんな坂井を横目で見ながら、鮮治は少し笑って、静かに言った。

「君は意外に図々しいな。その図々しさは貴重だよ。大事にしたまえ」

この一言に、坂井は背中を強く押されたように感じた。素直に嬉しく、そして妙に照れ臭かった。

鮮治の傍らにはいつも、妻の玉枝がいた。「麗しい」という表現がぴったりの厳しさを内に秘めた凛とした美しさのある人だった。

後年、坂井の店「ラ・ロシェル」開店二五周年を記念した冊子に寄せた玉枝のメッセージ「私と坂井さんのこと」には、パリを旅した時の坂井の様子が語られている。


主人はとても坂井さんを気に入っていて、フランスへも度々《たびたび》、一緒に行っていました。私どもはいつも決まったホテルに泊まっておりまして、そこは、とても家庭的な小さなところでした。朝になりますでしょ。坂井さんも私どもの部屋へ来て、おしゃべりしているんです。すると恰幅《かっぷく》の良いヒゲのギャルソンが「ヴォアラ」と明るい声でドアを開け、部屋に朝食を運んでくれて……。焼きたてのパンの香りがお腹に染み入るようで、なんとも嬉しいひと時だったことを覚えております。

坂井さんはフランス語がそんなにお上手ではないのに、ひとりで町に出ては食器のお店に飛び込んで、あれこれ質問してきたりしましてね。そんな風ですから、お店の方も親切にしてくださる。すっかりお友達になって、翌日には、私たちを案内してくれるなんてこともありました。ずいぶん楽しい思いもいたしました。

主人は、一歩どころか、一〇歩も二〇歩も先を見据えていたような人でした。ですから、主人の思い描くお料理を実際に作ってくださる方が必要だったのです。坂井さんは本当に、主人の期待に応えてくださって、主人はとても幸せだったと思います。

そうそう、坂井さんは人前に出るのを嫌がりましてね。「シェフはお客様に挨拶しなければいけない」と主人が言うと、「僕は……」って、後ろへ下がってしまう。そんな格闘がしばらく続いて、ついにお客様の前でフランベをお見せすることになったのです。それからは、すっかり変わられて。今の坂井さんからは想像もつきませんでしょ（笑）。

主人は厳しい人でしたから、辛いこともあったと思いますが、でも、いつも笑顔で、よく主人を支えてくださいました。滅多に人を褒めることのない主人が、「彼は若いけれど、彼の作るものは本当に美味しい。天才的だ」と申しておりました。

才能だけではなく、とても努力して、熱心に勉強なさっていたことを、私はよく存じております。

私の本棚には、洋の東西を問わず、料理の本がいっぱいあります。我が家に見えた時は必ず、そこから二、三冊を手にとって、「これ、借りて行きます」と、おっしゃっていました。帰り際の、小脇に本を抱えた坂井さんの姿を、私は今でも思い出します。

（La 25ème Anniversaire de La Rochelle 2006）

ローズウッドの食器棚は特注品

会食のセッティングをしたダイニングルーム

立食パーティのセッティングをしたホール

ヌーベル・キュイジーヌと日本料理

坂井がパリで体験した料理は、ヌーベル・キュイジーヌの騎手といわれた料理人たちによるものであった。

ヌーベル・キュイジーヌは、一九七〇年代初め、フェルナン・ポワンの弟子たちが興した古典的なフランス料理に対する新しいフランス料理の提案で、その担い手として、リヨンで活躍するポール・ボキューズ、ピエールとジャンのトロワグロ兄弟、アラン・シャペル、「ガスコーニュ」のミシェル・ゲラール、コートダジュールのロジェ・ヴェルジェ、パリの「グランヴェフール」のシェフ、レイモン・オリヴィエらの名前が挙げられる。

彼らは、ソースを身上とする伝統的なフランス料理の調理法から脱し、素材の味を生かす方法を提案したのである。

「西洋膳所ジョン・カナヤ麻布」がオープンした半年後の一九七二年（昭和四七）六月、大阪あべの辻調理師学校校長・辻静雄は、ポール・ボキューズ、ジャン・トラワグロ、ボキューズの弟子のマルク・アリックスを招いて研修会を行い、この時、彼らをもてなしたのは「吉兆」の料理だった。ボキューズは湯木貞一の作り出す料理の世界にすっかり魅了され、以後のヌーベル・キュイジーヌに大きな影響を与えたと言われている。

坂井に懐石料理を学ばせた鮮治は、ヌーベル・キュイジーヌが日本料理に共通することに、早い時期から気づいていたことになる。恐るべき先見性である。

フランスでヌーベル・キュイジーヌが話題になり始めた一九七八年（昭和五三）のこと、ベルギーのブリュッセルに住んでいた叔母のところへ遊びに行った私は、魚料理店で「ネージュ（雪）」と名がついた舌平目の料理を注文した。こっくりとしたホワイトソースの料理とばかり思っていたところ、それは生クリームで仕上げられたとても軽い一皿だった。驚いている私に、「最近のフランス料理はホワイトソースより生クリームなの。野菜も日本のおひたしみたいに、サッと火を通しただけなのよ」と叔母が言っていたのを思い出す。

日本ではまだ、ホワイトソースのグラタンが全盛だった時代のことである。

フルーツバスケット

「西洋膳所ジョン・カナヤ麻布」店内でひときわ目を引くのは、色鮮やかなステンドグラスで描かれた「フルーツバスケット」（カバー裏表紙参照）の額だ。シャルトル大聖堂の修復に関わったフランスの作家ガブリエル・ロアールの作品である。

パリの南西、列車でモンパルナス駅から一時間ほどのところに位置するシャルトルには、おびただしい数の美しいステンドグラスで有名な大聖堂がある。

この大聖堂は、十二世紀から十三世紀初めにかけて創建されたゴシック様式で、正面のバラ窓と聖書物語のステンドグラスで飾られている。とりわけ、「美しき絵ガラスの聖母（ブルー・マリア）」は、創建当時の作品で、その深みのある青色は、シャルトルブルーといわれ、汚れや劣化をともなった色合いであることから、まったく同じ色を再現することはできないと言われている。

度々パリを訪れていた鮮治は、この深く鮮やかな色合いのステンドグラスにすっかり魅了され、やがて、大聖堂の近くのアトリエで修復に関わっていたガブリエルのもとへ通うようになった。

彼をガブリエルに引き合わせたのは、フランス国籍を持つパリ在住の日本人ムッシュ・ゴードだった。彼は通訳兼コーディネーターとして、鮮治のフランス旅行に同行することが多かった。

ガブリエルの手法は、二センチ以上はある厚いガラスを専用のハンマーで叩いて形を切り出すダル・ド・ヴェール（ガラスの舗石の意味。日本ではスカルプチャーグラスとも）というもので、色ガラスの厚みが描き出す光の妙味《みょうみ》は、それまで鮮治が見てきた幾多のステンドグラスとはまったく別物だった。鮮治はその美しさに魅了されただけではなく、理想の店にこれを飾りたいと思った。そして、鮮治のために描かれたのが件《くだん》の「フルーツバスケット」である。

センターにそびえるのはパリのコンコルド広場に立つオベリスク＝古代エジプトのルクソール神殿から運ばれた「クレオパトラの針」。そして豊穣を意味する籠からあふれんばかりの色とりどりの果物。バスケットに結ばれたのは色鮮やかなシャルトル・ブルーのリボン。食がつなぐ古今東西を象徴するようなデザインは、画家でもあるガブリエルが鮮治に宛てたメッセージでもあった。

これを契機として、鮮治はガブリエル作品の本格的な輸入を始める。この事業を担当したのは長女の百合子だった。ガブリエルの日本での最初の仕事は、箱根彫刻の森美術館にそびえる高さ一八メートル、内径八メートルのステンドグラスの塔「幸せをよぶシンフォニー彫刻」（一九七五年）で、円筒形の塔の内部には、外光を通した幻想的な色彩の世界が広がっている。

これより、レストランはガブリエル作品のギャラリーの役目を果たすことになる。そうして、当時、室内を飾っていた数々の作品は、現在、鮮治の孫・譲児が経営する鬼怒川、箱根、伊豆高原、那須の金谷リゾートの室内を、幾歳月を経ても変わらない美しさで飾っている。

鮮治の仕事が契機となり、この後、ガブリエルは日本でも活躍するようになった。彼の代表的な作品には、学校法人宮城学院（宮城県仙台市）の礼拝堂ステンドグラスがある。

「これはお客様のことなので、言ってもいいのかな……」と前置きをして、フロアで接客を任されていた加藤正光が語ったところによれば、旧ソ連のバレエ団長らと共に、よく店を訪れていた東京バレエ団を主宰する佐々木忠次は、店の最も目につくところに飾られた「フルーツバスケット」がよほど気に入ったとみえ、ある時、「ぜひ自宅にもガブリエルの作品を飾りたいのだけれど」と言ってきた。そこで加藤が取り次ぎ、やがて、目黒の東京バレエ団最上階にある佐々木の自宅浴室に、ガブリエルのステンドグラスが飾られることになったという。

生前の佐々木を少なからず知る者は、このエピソードに「さもありなん」と納得させられる。美しいものへの佐々木の執着には凄まじいものがあったからだ。ガブリエルの作品には、見る者を夢中にさせる魔力のようなものが潜んでいる。その魅力を見極めた佐々木の審美眼もさることながら、浴室でこれを独占しようとした佐々木の情熱には、驚かされるばかりである。

浴室にステンドグラスという発想は、京都の名旅館「柊家」に見ることができる。家族風呂には、小川三知《さんち》（一八六七〜一九二八）作の白川女を描いたステンドグラス（明治末の作と思われる）が飾られている。佐々木の発想は、このあたりにあったのかもしれない。

初夏のできごと

オープンから三年。「皿に絵を描く」料理人として、坂井の存在は口コミで広まってはいたが、店はまだ、繁盛とは言い難い状況が続いていた。

年が明けた一九七五年（昭和五〇）初夏の夜。一人の女性客が、食事を終えて会計を済ませると、フロアの加藤に声をかけた。

「シェフにお目にかかりたいのですが」

差し出された名刺には、有名なレストラン専門誌の名前が書いてある。加藤はすぐに厨房の坂井のところへ走った。

料理にも盛り付けにも自信をもっていた坂井だが、客が専門誌の記者と聞いて、何か苦言を呈されるのではないかと気が気ではなかった。不安を抱えたままフロアへ出ると、テーブルの彼女は、落ち着いた口調で静かに言った。

「とてもユニークなお料理をお出しになっているとうかがったので参りました。確かにユニークです。それに、とても美味しい。ぜひ、私どもの雑誌で取材させていただきたいのですが」

坂井の中で渦巻いていた不安は一瞬にして消え去り、息がつまるほど胸が熱くなった。

「喜んでお受けします」

上ずった声で、そう答えるのがやっとだった。このことを、少しでも早く鮮治に伝えなければと、それだけを思いながら、坂井は女性記者を見送った。

「焦ることはない。いいものを作っていれば、いつか必ず支持される」

そう言われ続けて三年半。その「いつか」を待ちながら厨房に立ち続けた歳月が、ようやく報われる時が来たのだ。


その日を境に、「西洋膳所ジョン・カナヤ麻布」は話題の人気店になっていった。専門誌だけではなく、女性誌にも取り上げられるようになり、やがて、グルメブームの先駆け的番組であったテレビ東京（当時は東京12チャンネル）の「素晴らしい味の世界」でも紹介された。柳生博がナビゲーターを務める伝説の名番組である。

常連には、作曲家のいずみたく夫妻、実業家の大伴昭・芳村真理夫妻らもいて、夕方のアペリティフから始まって深夜のブランディまで、至福の夜を過ごしていた。

すべてが本物で設えられた、静かで優雅、そして何よりもおしゃれで美味しいレストランは、文化人たちのサロンとして、政財界人がお忍びで訪れる隠れ家として、西麻布の地に存在感を放つようになった。鮮治の構想は、ここに至ってようやく結実したのである。

厨房は手を休める暇のないほどの忙しさになった

フォアグラもどき

一九七〇年代の日本で、フォアグラやトリュフのような、本格的なフランス料理の食材を手に入れることは不可能に近かった。生のフォアグラは未だ輸入もされていなかったし、手に入ったとしても高価だった。

フォアグラのことばかり考えている坂井に、「同じように美味しくて、舌触りが似たものがあるだろう」とヒントをくれたのは鮮治だった。フランス料理ならではの風味や味わいを出したいと思うなら、他の食材で工夫することを提案したのだ。

フォアグラといえば肝臓。つまりレバーだが、牛や豚のレバーは固すぎるし風味もまったく違う。鶏のレバーでは小さすぎて食感が違う。試行錯誤を繰り返すうち、坂井は発想を転換し、アンコウの肝にたどり着いた。こっくりとした味わいと粘りのある舌触りのアン肝こそ、和製フォアグラともいうべき食材であることに気づいたのだ。

ある時、厨房で坂井がアン肝の血抜きをしていると、近くの「ビストロ・ロティウス」のシェフが厨房へ入ってきた。フランスから帰ったばかりの石鍋裕である。彼が独立して「クイーン・

アリス」を開店する前のことで、界隈の同世代のシェフたちは、互いの厨房を行き来しながら親交と研鑽を深めていた時代である。

「坂井さん、フォアグラ使っているの？」

石鍋は、高価なフォアグラを惜しげもなく使っていると思い込み、そう言った。

「これかい？ これはアン肝だよ」

事もなげに笑って応える坂井の手元をじっと見ながら、

「ああ、本当だ！ よく見るとアン肝だね」

と、恐れ入ったという顔で石鍋も笑った。

石鍋も、フランス料理店の厨房でアン肝に出会うとは、想像もつかなかったのだろう。

坂井は、アン肝を蒸して西京味噌と白ワインベースの床に漬け込み、軽くスモークしてオードブルの一品とした。


このような工夫を、坂井は次から次へと生み出していった。

桂剥《かつらむ》きした蓮根のバスケットに魚介のサラダを盛り付けたり、薄切りのズッキーニで編んだ網にラングスティンを包んで蒸したりと、目でも楽しむことのできる美しい料理の数々は、オリジナリティに満ちた比類なき一皿として、料理界に知れ渡るようになったのである。

卵のパクトゥール

世にも珍しい「西洋膳所ジョン・カナヤ麻布」のスペシャリティの一つに、「卵のパクトゥール」があった。

鮮治に連れられ、初めてパリに行った時、レストラン「パクトゥール」で出された卵料理に坂井は感動した。それはウオッカでフランベされた卵にキャビアが添えられたもので、これをヒントに坂井が考えたのが、オリジナルの「卵のパクトゥール」。

坂井のパクトゥールは、卵の殻に雲丹とサバイヨンソースを入れ、これをウオッカでフランベする。このフランベを客のテーブルの前ですることで、料理ばかりでなくパフォーマンスも評判になった。

ある時、パクトゥールの美味しさとパフォーマンスの見事さを、とても気に入った客がいた。それは、華道小原流三世家元の小原豊雲《おはらほううん》である。

フロアの加藤はすかさず、小原に坂井を紹介した。

小原豊雲（一九〇八〜一九九五）は、父の二世家元小原光雲の後を継いで家元になった人物で、敗戦を契機に前衛的な生花《いけばな》をめざし、敗戦の年の一九四五年（昭和二〇）、草月流の創始者・勅使《てし》河原蒼風《がわらそうふう》と共に二人展を開催。生花に新しい流れを起こした。

東京の青山に東京小原会館（設計／清家清）を建設し、財団法人小原流（二〇一五年より一般財団法人）を設立。一九五八年（昭和三三）には、ベルギーのブリュッセルで開催された万国博覧会に文化使節団として参加、当時はまだ珍しかった生花のデモンストレーションを披露している。

才能溢れる気鋭のアーティストは、これより坂井の料理に魅了され、足繁く通うようになる。

やがて、坂井は、南青山に「ラ・ロシェル」を独立することになるのだが、それは、小原の存在なくしてはありえないことだった。

鮮治マジック

「僕がパリへ行くと、エッフェル塔が点灯するんだよ」

鮮治は、そんなことを言った。

鮮治がフランスへ行くと、ムッシュ・ゴードが旅のアテンドを任された。鮮治は彼に頼んで、パリに着いた夜は必ず、エッフェル塔をライトアップさせたという。どのようなコネクションがあったのか、どのくらいの支払いをしたのか、一九七〇年代のパリでのことで、今となっては誰もその経緯も詳細も知らないが、想像もつかないような話である。しかし、これは事実だったという。

また、パリで鮮治がレストランに入ると、ギャルソンたちがいっせいに鮮治のテーブルに駆け寄って挨拶をしたという。料理の代金以上のチップをはずむ客として、鮮治の顔を知らないギャルソンはいなかったのだ。

一九七一年八月までは固定レートの時代で、一ドルが三六〇円、日本から旅行で持ち出せる外貨は一五〇〇ドル（約一〇万円弱）と決まっていた。しかし、一九七〇年代はニクソン・ショック以降の変動相場制によって為替承認限度額が大きく動いたため、鮮治が実際に持ち出した外貨の額は定かではない。いずれにしても、エッフェル塔のライトアップにしろ、レストランでの法外なチップにしろ、不思議な話である。

鮮治の武勇伝は尽きない。

赤坂「ボンジュール」時代から鮮治の傍で長く働き、鬼怒川温泉ホテルを経て、現在は坂井の「ラ・ロシェル」顧問を務める西澤謙一郎もまた、ホテルマンとして鮮治の薫陶を受け、鮮治の武勇伝を近くで見てきた一人である。件のパリのレストランでのエピソードは、西澤も目撃している。

父は帝国ホテルのホテルマン、母はホテルニュージャパン和食堂チーフという環境もあって、西澤自身、鮮治が北炭の萩原の依頼で副社長を務めていた札幌グランドホテルから、ホテルマン人生をスタートさせている。鮮治との縁は、札幌時代から始まっていたことになる。

ある時、鮮治のお供で、新橋のクラブ「ウルワシ」へ行った時のことである。

鮮治の来店がバンドに告げられると、フロアでは客とホステスがダンスを踊っているにもかかわらず、演奏される曲が急遽「セントポール・マーチ」に変わった。鮮治の母校・立教大学の応援歌である。中折れのソフト帽にステッキを持ち颯爽と店内を進む鮮治の姿は、そこだけスポットライトがあてられたようなオーラが漂い、店の空気そのものが大きく変わったという。

川口松太郎の小説『夜の蝶』の舞台になるような銀座ができたのは、敗戦から一〇年ほど経った頃のことだ。

空襲を受けた銀座は、米軍が意図的に標的から外した建物を除いて焼け落ちた。その銀座に、小さなカフェやバーができ、やがてその中から、文士や業界関係者、政財界の大物などが集うバー「エスポワール」が一九四九年（昭和二四）に開店した。同じ頃、京都には川端康成ら文士が贔屓《ひいき》にした「おそめ」が開店している。一九五五年（昭和三〇）、この「おそめ」が銀座に進出すると、「エスポワール」と「おそめ」のマダムが白洲次郎をめぐって争うなど、週刊誌に話題を提供する繁盛ぶりを見せる。これが川口松太郎小説『夜の蝶』の題材となり、京マチ子、山本富士子のダブル主演で映画化された。

そして、後に作詞家となる山口洋子の「姫」や、タレントとしてテレビにも登場した田村順子の「順子」などが開店する。この頃までの店は、マダムの個性が際立っていた。

一九六〇年（昭和三五）に大阪資本の「ラ・モール」が新橋に近いところに登場する。大理石の床に豪華なシャンデリア、ホステスも多く、ここからはクラブの時代に入る。ホステスの指名制が始まったのは、この店からだという。

やがてクラブのフロアには生バンドが入り、歌手やダンスのショーが登場した。件の「おそめ」も新橋近くに移転してクラブになり、一九七〇年代にかけて、「ウルワシ」「メイフラワー」「銀座ハリウッド」など十数軒を超える店が銀座の夜を支配していった。二〇〇七年に惜しまれて閉店した銀座三丁目の「白いばら」は、最後まで往時の風情を残すキッチュな華やかさを漂わせていた。

高度成長期の銀座は、夜に遊ぶ男たちに、次から次へと魅力的な社交場を提供していったのである。

白いリンカーンと葉巻をトレードマークに、孫との初面会時に〈How do you do, nice to

meet you〉と英語で挨拶した、銀座を歩くと各辻の花売りが直立不動で挨拶した、ピカソの絵を値段も聞かず購入した、海外旅行の土産としてダイヤモンドで社員章を作り役員に配った、ローマのレストラン「アントニオ」では行くと必ず特別な貴族向けのカトラリーがテーブルセッティングされたなど、さまざまな豪快な逸話を残した。

常磐ハワイアンセンターのコンセプトも同氏の発案とも言われ、その次代を見越したアイデアセンスと幅広い人脈は、高度成長期の良き昭和の日本を代表した粋人。

鮮治の孫にあたる譲児の店「ショコラトリー・ジョン・カナヤ」のホームページには、このように書かれている。

まるで映画のスクリーンから抜け出したような姿が思い浮かぶ。金谷鮮治とは、そういう人物であり、その彼が理想とした究極のレストランが、「西洋膳所ジョン・カナヤ麻布」だったのである。

おそらく夜の銀座でも、彼の周囲だけは猥雑な空気を寄せ付けないような、ノーブルで華麗な香気が漂っていたに違いない。

プロデューサーとして

ナイトクラブで「セントポール・マーチ」に出迎えられた鮮治には、立教大学との間に、母校というだけではない、特別に深い縁がある。

一九六〇年（昭和三五）に埼玉県の志木駅近くに立教高等学校（現・立教新座中学校高等学校）が開校した。鮮治は、東京のベッドタウンである志木市界隈の将来性を考え、かねてより親交のある東武鉄道二代目根津嘉一郎（初代嘉一郎長男）に働きかけて、この誘致に尽力している。

また、一九七二年（昭和四七）、イギリスのロンドン郊外ギルフォードに開校した立教英国学院の設立にも深く関わっている。

一九六〇年代後半から七〇年代にかけて、足繁くヨーロッパを訪れていた鮮治は、この地に、マナーハウスと呼ばれるかつての荘園領主の館があることを知る。都会の喧騒からは隔絶された閑静でのどかな環境と、まるで古城のようなクラシックな建物に魅せられた鮮治は、ここに日本人のための本格的なキリスト教文化と英語教育の学校を誘致したいと考えた。そこで、旧知の立教大学元教授で立教高等学院元校長の縣康《あがたやすし》に提案。それればかりではなく、私財を投じて縣たちをギルフォードに案内し、その実現に尽力したのである。後に縣は、英国立教学院の初代校長に就任している。鮮治の仕事に敬意を表し、鮮治が亡くなった後も、妻の玉枝は長く英国立教学院の理事として名を連ねていた。

料理の世界の話ではあるが、一九八〇年(昭和五五)辻静雄が本格的なフランス料理とフランス菓子の教育を目指して、リヨン郊外の古城を買い取り調理師学校を開校した例を思い出す。「その文化が本来あるべき地で学ぶ」という根本的な学びの環境を、鮮治がいち早く見抜いていたことに驚かされる。

鮮治のプランニング能力とその群を抜いた実行力は、彼をひとりのホテルマンに留めてはおかなかった。既存の枠に収まりきれない彼の才能は、あらゆる場面で、いまもなお克明な足跡を残している。

焼き芋にバター

「西洋膳所ジョン・カナヤ麻布」がオープンした一九七一年(昭和四六)、鮮治の長男輝雄は、東京で生まれ育った金沢昌子と帝国ホテルで華燭の典を挙げた。媒酌人は萩原吉太郎夫妻。鮮治につながる来賓はじめ両家にゆかりの約四〇〇人が招かれた。

総料理長の村上信夫は、この日のためにフランス料理のフルコースを締めくくる特別のデザートを考えていた。それは、アイスクリームをスポンジで包み、さらにメレンゲで包んでフランベするベイクド・アラスカだった。披露宴もお開きに近づいた頃、一瞬、すべての照明が消された。ささやかなざわめきの中、ボーイの手に携えられた無数のフランベの炎が会場内を進みテーブルに向かって広がっていくと、客席は驚嘆のため息に包まれた。本邦初、そして帝国ホテル初のベイクド・アラスカだったことは言うまでもない。

この夜、新郎新婦のごく親しい友人だけが集まり、オープン間もない「西洋膳所ジョン・カナヤ麻布」で二次会が開かれたという。


輝雄に嫁いだ昌子の思い出には、印象的な義父の姿がいくつか残っている。

「婚約したばかりの頃、金谷のご一家、義父と義母、妹の百合子さん、そして輝雄さんと私で、横浜のホテルニューグランドでお食事をすることになったのです。レストランでいきなりメニューを渡されて、主人たちはそれぞれ食べたい物を注文しているのですが、私は戸惑ってしまいました。コースでいただくのかアラカルトなのか、お値段も気になりますし、出過ぎてもいけないし。そんな私に義父は、『自分の食べるものぐらい自分で決めなさい』ってピシッとおっしゃいました。私は、ますます慌ててしまいました」

昌子が育った家庭とはあまりにもかけ離れた家風に、戸惑うことが多かったという。

「私が嫁いだ頃、義父はもう大分体が弱っていましたから、実務は専務の主人に任せ、お部屋で休んでいることも多かったのです。お部屋では、絹のガウンを羽織って、よくベッドに横になっていらっしゃいました。

一番驚いたのは、ある時、義父が、ナプキンを首につけ、フォークとナイフで焼き芋を召し上がっていたんです。それもバターをつけて。もうびっくりしてしまって。焼き芋って、手で持っていただくものと思っておりましたので」

金谷家の朝食はハムエッグとチーズとご飯がワンプレートに盛り付けてあって、これにお醬油をかけて混ぜ、フォークとナイフで食べる「金谷風朝食」と呼んでいるものだったこと。室内でも靴をはいていて、ソファーで昼寝をするような時も靴を履《は》いたままだったこと。鮮治も玉枝も湯船に浸かって入浴することを好まず、シャワー浴が普通だったこと。子どもにおこずかいを与えることをとても嫌い、お正月にお年玉を用意したら烈火のごとく叱られたこと。昌子にとっては驚くことばかりだった。

確かに、昌子にとって驚くことは多かったが、鮮治の可愛らしい一面も彼女は見逃してはいない。

「義父はダンディで、いつも冷静でしたが、主人と私の結婚式当日、帝国ホテルの控え室で『おかしいな？　どうもモーニングがきつい』と言っているんですね。あのおしゃれな義父がおかしいな？　と思っていたら、主人のモーニングを間違えて着ていたんです。気がついて、慌てて着替えてましたけど、きっと嬉しくて慌てていたんでしょうね」

鮮治も玉枝も、そして夫の輝雄も鬼籍に入り、その時の微笑ましい光景を思い出すことができるのは昌子ひとりになってしまった。昌子は、遠い昔を懐かしむように、笑顔で思い出を語ってくれた。


鮮治は、初孫の譲児にとりわけ深い愛情を注ぐ一方、後継者としての帝王学も授けていた。それは、幼い子供にとって厳しすぎることもあったようだ。

昌子が出産を控えた頃、イタリアに旅していた鮮治は、職人が手作りした小さな革の編みあげ靴をいくつか買ってきた。イタリア人は、幼少期からきちんとした靴をはいて、足の格好がよくなるようにしているという理由からだった。

やがて三歳になった譲児がこれを履くのだが、これが幼い譲児には悩みの種だった。

「遊びに行くにも、公園で走り回るのも、いつもこの編みあげ靴です。友達はキャラクターの運動靴なんかを履いていて、僕だけが編みあげ靴。走りにくいし、めんどうくさいし、嫌でたまりませんでした。それに、普段は室内でも靴の生活をしていましたから、友達の家でも、つい靴を履いたまま上がってしまったりして、おかしな子と思われていました」

さすがに、三歳の子どもに編みあげ靴は試練以外の何物でもないように思われる。

譲児によれば、何事にも即決することを鮮治は強いたという。これは昌子が語っていたエピソードにも通じる。

「母と一緒に祖父母の家へ行った時のこと。和菓子が出されて『好きな物を選びなさい』と言われたんです。夏だったのでしょうね。透き通ったきれいなお菓子と、桜餅のような餡のお菓子があって、子どものことですから迷っていました。お餅の方が美味しそうだけど、きれいな方もいいな……と。そうしたら祖父が、突然ものすごく怒り出して『食べたい物を即決できないなんて良い経営者にはなれない』って。もうびっくりして、その時のことは忘れられません」

譲児にとって厳しい祖父ではあったが、とりわけ甘い思い出も残している。

「クリスマスになると、レストランから長方形の大きなケーキが届いて、そこには家があったりツリーがあったりして箱庭みたいになっているんです。灯りもついたりしていて。もう嬉しくて

嬉しくて、どこから食べようか迷ったりして。子ども心に忘れられない思い出です」

「西洋膳所ジョン・カナヤ麻布」の厨房で、坂井たちが趣向を凝らして作り上げた夢のようなクリスマスケーキは、厳しくも愛情溢れる祖父の思い出と共に、いまも鮮明に刻まれている。

第4章　夢のあとさき

鮮治晩年のポートレート

理想郷を夢見て

鮮治には壮大な夢があった。「西洋膳所ジョン・カナヤ麻布」は、その夢のための第一歩だったように思う。

彼が自らの理想として思い描いていたのは、風光明媚な鬼怒川の地に、ホテルと旅館両方の機能を備えた究極のリゾートホテルを創ることだった。金谷家のルーツである日光金谷ホテルの伝統と格式、彼の両親が育んできた鬼怒川温泉ホテルのホスピタリティ、それぞれの長所を生かした、洋とも和とも、いわく言いがたい快適さを追求したホテルこそが、鮮治が目指していたものだった。

シンプルに考えれば、それは「フランス料理に箸を添える」ような感覚だと、私には思える。ここで大切なのは、供されるフランス料理は目も舌も充分に満足させるだけの美しさと美味しさを備え、添えられた箸は、蒔絵や螺鈿《らでん》細工を施した豪華な塗り箸ではなく、茶懐石で用いられる吉野杉を削ったものでなければならないというような、「和の精神」を芯に据えた「洋の文化」の具現化だったのではなかろうか。

鮮治の本意は計り知れないが、日本人である私たちが快適であることに何よりも配慮することが、ホテルマン金谷鮮治の真骨頂だと思えてならない。それは、鮮治が座右の銘とした「East meets West（和敬洋讃）」にも表れている。

東武鉄道鬼怒川温泉駅に近い渓谷を望む場所に、鮮治は新しいホテルを計画した。それが鬼怒川金谷ホテルである。

ホテルは、駅周辺の喧騒からほんの少し離れた小高い一角に、すべての客室が渓谷を望むよう設計されている。窓の外には溢れんばかりの緑と鬼怒川の渓流。ウッドデッキを備えたモダン数寄屋の客室が全部で四一室と、大きめのプチホテルといった規模で、ショコラバーやシガーサロンを備えた瀟洒《しょうしゃ》な佇《たたず》まいは、リゾートホテルと料理旅館を折衷《せっちゅう》したような、上品な空間になっている。

鬼怒川の流れだけが聞こえる静寂の中で、湯に癒され、極上のひと時を過ごすホテル。そのコンセプトは「渓谷の別荘」。一九七八年（昭和五三）、鬼怒川金谷ホテルは満を持して開業した。

鮮治が、いつ頃から、このホテルを構想していたのかはわからない。

家族と共に幼少期を過ごした日光をわずか一〇歳足らずで後にして、ホテルの総帥となるべく帝王学を学び続けてきた鮮治である。

キリスト教聖公会の洗礼を受け、若い頃から海外渡航を重ね、一流に触れ、本物を見極める目を養い、来るべき未来が何を望むのか常に考えていた。

鬼怒川温泉ホテルを経営する傍ら、ホテルニュージャパンを皮切りに、多くのホテルの役員や日本ホテル協会の理事を歴任し、理想のレストラン「西洋膳所ジョン・カナヤ麻布」を一流の店にまで仕立て上げた。

そんな彼だからこそたどり着いた理想郷だったとすれば、ここに鮮治の夢のすべてが詰まっていると言ってもいい。さらに、特筆すべきは、この夢が「見果てぬ夢」になることなく、鮮治最後の大仕事として、いまなお鬼怒川の地で悠久の時を刻んでいることである。

元号が平成から令和に変わった現在でさえ、鮮治が思い描いたようなホテルは稀有《けう》である。そして、何よりも驚くべきことに、鬼怒川金谷ホテルが、来たるべき時代の新しいリゾートホテルのモデルとなっているという事実に驚かされる。

昨今、バブル期に社用族で賑わった大型ホテルが廃業し、高級志向のリゾートホテルが注目を浴びているが、星野リゾートの展開や、箱根小涌園の天悠《てんゆう》など、そのプロトタイプに鮮治のポリシーを見いだすことができる。

これらのホテルは、鮮治のホテルから直接に何も学んではいないのかもしれない。しかし、これらのコンセプトは、鬼怒川金谷ホテルに酷似している。つまり四〇年という歳月を費やし、時代がようやく、鮮治に追いついてきたということなのだ。

惜しむらくは、鮮治がこのホテルの完成を見ることなく、この世を去ったことである。

もうひとりの息子

鮮治の長男輝雄は、一九四二年（昭和一七）一一月二八日生まれ。同年四月二日生まれの坂井とは学年が同じである。

その輝雄が、一九七六年（昭和五一）社長に就任し、鮮治は会長に退いた。

金谷家の男子が皆そうしたように、輝雄もまた立教大学へ進み、卒業後はアメリカのコーネル大学で学び、来たるべき時代の総帥となるための帝王学を学んだ。一般企業に就職するも、早々に退職し、金谷ホテル観光株式会社の取締役に就任していた。

それにしても……と、坂井は不思議に思った。「西洋膳所ジョン・カナヤ麻布」がようやく軌道に乗ったこの時期に、なぜ鮮治が社長を輝雄に譲ったのか、その理由がまったくわからなかった。そして、この交代劇を疑問に思わないスタッフは誰もいなかった。

ほどなくして、坂井は輝雄に声をかけられた。話しておきたいことがあると。

あまりにも急に何もかも任されたので、おそらく店のことで相談でもしたいのだろうと思い、仕込みのキリがいいところで、坂井は三階の事務所へ輝雄を訪ねた。

「失礼いたします。坂井です。お話とは何でしょうか？」

「あ、坂井さん。忙しいところすまない。まあ、かけてください」

坂井はソファーに腰を下ろし、こちらへ

金谷輝雄と五枝

向かってくる輝雄を見上げた。

いつもならニコニコして話しかけてくる輝雄が、今日はなぜか神妙な面持ちのように見えたが、気のせいだと思い直して、屈託のない笑顔で、

「お話とは何でしょうか？」

と、もう一度聞いた。

「実はね、親父、あんまりよくないんだ。肝臓でね。僕がアメリカから帰る前から患っていたらしい」

それは、頭から冷水を浴びせられたような衝撃だった。一瞬、時間が止まったように感じ、心臓の鼓動だけが大きく高鳴っているのがわかった。

「会社を辞めさせられたのも、早いうちから僕に修業をさせるためだったんだ」

にわかには信じられない気持ちで、目の前の輝雄を見つめた。

「そんなに前から悪かったのですか？」

「うん。そうらしい。僕も、本当のところ、そんなに詳しくは知らなかった。今年になって、もう大分悪いから、それで社長になるように言われたんだよ」

「西洋膳所ジョン・カナヤ麻布」オープンの頃には、すでに鮮治が病を抱えていたことを知って、坂井は衝撃を受けた。鮮治は、残された時間のすべてを自分の夢に賭けたのだ。一歩、一歩、そ

の夢が現実となり、手応えを感じながら、鮮治はそれでも、後を輝雄に託し、自らは次なる夢を実現させるために、ひたすらその命を費やしていた。

坂井は、驚きとも悲しみともつかない、漠とした大きな絶望感に押しつぶされて、ソファーに身を沈めたまま、しばらくの間、動くこともできなかった。


翌一九七七年（昭和五二）、鮮治は築地のがんセンターに入院した。病名は肝硬変。慢性の肝障害が進行し、肝細胞が著しく減少して肝機能が衰え、すでに自宅療養のできる状態ではなかった。そうなって初めて、スタッフも鮮治の病状が重篤であることを知らされた。

当時を思い出して、フロアを任されていた加藤が語っている。

「かなり前から、お酒は控えていらっしゃいました。事務所から店へ降りてくると、決まってフレッシュオレンジを絞ったジュースを作らせていました。私が知る限り、オレンジジュースしか飲まれませんでした」

なんとはなしに、それぞれが鮮治の変化に気付き不安を感じていたのだろう。しかし、誰も表立って言葉にすることはなかった。それほど、鮮治の存在は絶大で、鮮治を失うことなど、到底考えられなかったからだ。

美食家の鮮治が病院食を進んで食べるわけがないと思った坂井は、来る日も来る日も、鮮治のために料理を作った。ていねいにとったコンソメなら体にいいはずなので、塩分と脂質を控え、同じ味で飽きてしまわないようにと、病人の負担にならないスープを工夫した。坂井が持っていけない時は、店のスタッフが代わりに届けた。

坂井たちスタッフは、仲間の間だけで鮮治を「おやじ」と呼んでいた。病院の待合室で「おやじ」と言っているのを聞いた看護師は、坂井たちスタッフが鮮治の息子だと勘違いして、

「金谷さん、息子さんがいらっしゃいましたよ」

と、言うことがあった。

そんな時、鮮治は、ベッドに横になったまま、目を細めて微笑んでいた。

入院から半年後の一一月三〇日、鮮治は神に召された。それは、鮮治が最後の夢を託した鬼怒川金谷ホテルの開業を一年後に控えた晩秋のことであった。

目黒の大圓寺で密葬を行い、青山斎場と鬼怒川で本葬を行い、さらには立教大学からの申し出により、大学のチャペルでセントポール葬が執り行われた。そして鮮治の遺骨は、父と母と共に、日光の興雲山律院に眠っている。

六七年という生涯を短かすぎたということもできるが、その一生は、一点の曇りもないほどに鮮やかで見事だったことは言うまでもない。

坂井の「ラ・ロシェル」開店二五周年を記念した冊子に、「もうひとりの息子」と題して輝雄が寄せた文章がある。

父にとって坂井さんは、実の息子である僕以上に、ある意味、息子であったと思うのです。親子というのは、とくに父親と息子というのは、なかなか面倒な関係で、感情をストレートに表現できないところがあります。父は僕に対して、言葉であれこれ教えるということではなく、むしろ「背中を見て学べ」という風でしたから、僕の方でも、ある距離を置いていた節があります。

父が坂井さんを得て「西洋膳所ジョン・カナヤ麻布」を立ち上げた頃、僕は他社に勤務していてアメリカに住んでいました。住まいも仕事も離れていましたから、物理的に接点の少ない生活だったのです。

その当時、父の一番近くにいたのが坂井さんでした。仕事を通して僕よりずっと長い時間父といて、ずっとたくさんの話をしていたと思います。

長年、ホテルのプロデュースに才能を発揮していた父が、最後に創りあげたのが「西洋膳所ジョン・カナヤ麻布」でした。今から三八年前、まだヌーベル・キュイジーヌという言葉もなかった時代のことです。ホテルのフレンチと旅館の懐石料理を一つの皿に盛り込んだ新しい日本のフレンチは、父の最後の夢でもありました。

その夢を実現させるために、父は運命的にめぐり逢った僕と同じ年の青年を、もう一人の息子として育てたのではないでしょうか。僕には、そう思えてならないのです。

気難しく、人の好き嫌いがはっきりしていた父ですが、坂井さんのひたむきさと才能を、それは愛していました。ですから父は、自分が知っているありとあらゆることのすべてを、坂井さんに伝えようとしたのです。また坂井さんも、厳しい父の教えによく応えて、父の思想を受け継いでくださいました。

父が逝ってからもしばらく店に留まり、右も左もわからない僕を、ずっと励まし支えてくれました。そして今日まで父を忘れず、母や僕に優しい心遣いをしてくださる。これにはほんとうに感謝しています。

今の坂井さんの活躍を、誰よりも誇らしく思っているのは、間違いなく天国の父だと、僕は確信しているのです。

だって彼は、父にとって「自慢の息子」なのですから。


(La 25ème Anniversaire de La Rochelle 2006)

ラ・ロシェル

鮮治を失った「西洋膳所ジョン・カナヤ麻布」で、坂井は厨房に立ち続けた。辞めていく者もいたが、輝雄に引き止められたことで、それを鮮治の遺言と思い直し、これまでどおりに働くことを選んだ。

心に空いてしまった大きな穴を、ただひたすら鮮治の教えを反芻《はんすう》することで埋める日々。鮮治の恩に報いたいという気持ちは変わらなかったが、「お礼奉公」を続けるモチベーションが次第に失せていくのを止めることはできなかった。

フランス帰りの若手料理人たちが次々と独立していくのを知ると、坂井の中に焦りにも似た感情が湧いていた。人気店「西洋膳所ジョン・カナヤ麻布」を背負うシェフでありながら、その思いは日々強くなっていた。

パクトゥールのパフォーマンスをきっかけに、日頃から坂井に目をかけてくれていた華道小原流家元小原豊雲が、ある時、坂井に声をかけた。

「小原流会館の地階が空くんだけど、坂井さん、あそこで店をやってみないか」

青山骨董通りに面した一等地である。いつか自分の店を持ちたいと思っていたが、こんなに早く、それも願ってもいない場所で実現できるとは、夢にも思っていなかった。

鮮治が逝って二年。鮮治の死と共に去っていったスタッフの穴を埋めるだけの人材は育っている。また、この話と前後して、輝雄は実質的な店の経営からは退くことになっていた。金谷家に対しての恩返しに区切りをつける時が来たことを、坂井は感じ取っていた。

独立の心を固めるのに、それほど長い時間は必要なかった。

古参の西澤謙一郎には反対されたが、それは彼なりの思いやりだったということもわかっていた。鮮治がどれほど坂井を愛し、頼りにし、慈しんでいたかを知っている人間なら、誰もが危惧《きぐ》して当然だった。しかし、坂井は金谷家から非難されることを覚悟で、鮮治と共に作り上げてきた最愛の店「西洋膳所ジョン・カナヤ麻布」を辞したのである。

一九八〇年（昭和五五）三月三日、坂井は待望の自分の店をオープンさせた。新しい城は「ラ・ロシェル」。かつて鮮治に連れられて訪れた南フランスの港町の名前をつけた。キッチンの什器も、店のインテリアも、坂井は一流品を揃えた。バカラ、ローゼンタール、リチャード・ジノリ、リモージュ、ウェッジウッドと、パリ旅行で買いためたグラスや食器が、ようやく出番を迎える日が到来したのだ。

それらはいずれも、「三〇万円あったら、一〇万円のスーツを三着作るのではなく、三〇万円のスーツを一着作りなさい」という、日頃からの鮮治の教えに基づいて求めたものだった。つまりは、正真正銘の本物ばかりがテーブルに並ぶことになる。

あしかけ七年の歳月を費やし、鮮治は坂井の本物を知る目を養い、本物を大切に使うことが何よりも重要だということを身をもって示しながら、坂井を料理人として、人間として、鮮治のメガネにかなう一流に育てあげていたのである。

独立はしたものの、経済的には厳しい状況にあった。しかし、素材や料理の質を落として低価格で提供するというやり方は、鮮治の教えに反することであり、何よりも坂井のプライドが許さなかった。

そこで、夜のコース八〇〇〇円に加え、坂井は一九八〇円のランチを考案した。当時、うな重が一三〇〇円、天丼やカツ丼が八〇〇円という時代である。南青山というハイソサエティな場所であっても、高額なランチが受け入れられるかどうか、スタッフは当然のことながら心配した。

ところが、このランチが窮地を救ってくれた。「西洋膳所ジョン・カナヤ麻布」時代、坂井は鮮治に勧められ、アルバイトとして、営業のない昼間の時間、常連の家の厨房を借りて料理教室を開いていた。この教室に通っていた主婦たちが、友人を誘って新しい店の客となったのである。

主婦を中心としたランチは、独立間もない「ラ・ロシェル」の救世主となったことは言うまでもない。

一九八〇年三月、南青山にオープンした「ラ・ロシェル」は、正真正銘の坂井宏行の店だったが、言い変えれば、鮮治の教示に満ちた、鮮治にとっては愛弟子の子、つまり「孫」のような存在だったように思えてならない。

鮮治イズムともいうべきジョン・カナヤ・イズム（私の造語だが）の何もかもが、ここへきて、「ラ・ロシェル」へと受け継がれていったのである。

クラブ・デ・トラント

ホテルから街場のレストランへ、最近のフランス料理の流れはしだいにこのようになりつつある。

本国でのヌーヴェ《ママ》ル・キュイジーヌに呼応するかのように、日本でもフランス料理を若返らせた街場の料理人たちがいる。三〇歳以上のシェフ（たち）が集まったオーバー・サーティのメンバー一六人。

かれらの目指すところは、たんなる同業の連帯だけではない。高品質の魚、肉などの共同仕入れから、ゆくゆくはフランスワインの買い付けまで広がる。

フランス料理の未来にとって、かれらに寄せる期待は限りない。

（季刊雑誌『饗宴《きょうえん》』一九八一年）


一九八〇年に結成された彼ら一六人のグループを「クラブ・デ・トラント（Club des Trente）」といった。トラントとは三〇代。海外で修行した料理人たちが一九七〇年代後半から帰国し始め、日本におけるフランス料理界に新しいムーブメントを起こしたのだ。

やがて「クラブ・デ・トラント」はグルメブームの魁《さきがけ》となり、世はまさに空前のグルメブームに突入する。

一九八一年の芥川賞小説、田中康夫の『なんとなくクリスタル』には、「クラブ・デ・トラント」メンバーがシェフを勤める店が多く登場し、若者たちは、カップルで連れ立ち、これらの店で食事をすることをステイタスだと信じて疑わなかった。

前掲の『饗宴』執筆陣は、佐原秋生、山本益博、見田盛夫といった、料理評論家の面々。美食を論ずる評論家という仕事が、堂々と世に登場する契機にもなっている。

これより少し前、一九七五年(昭和五〇)四月より、TBS系列のテレビ番組『料理天国』がスタートしている(一九九二年九月まで)。料理研究家辻静雄が校長を務める大阪あべの辻調理師学校とタイアップした料理ショー番組で、サントリーがスポンサーについていた。

辻は、ポール・ボキューズを吉兆に招いた(一四八ページ参照)ヌーベル・キュイジーヌ仕掛け人の一人とも言える人物。土曜日の夕方、家庭で晩酌をしながらフランス料理を「観る」という、前代未聞のコンセプトがあたり、家庭にワインとフランス料理を浸透させるきっかけを作った。

この時期、日本は石油ショックで不況に陥っていた。

一九七三年(昭和四八)一〇月、エジプト・シリア両軍がイスラエル軍と衝突した第四次中東戦争(十月戦争)で、イスラエルが決定的な勝利をおさめなかったため、アラブ産油諸国が石油戦略を発動、イスラエルに同情的な国に石油禁輸措置を示し、石油輸出国機構OPECが原油価格を約四倍に引き上げた。このため、石油輸入国に極度のインフレと物不足がおこる(第一次石油ショック)。翌一九七四年には、日本で「狂乱物価」という言葉が生まれ、トイレットペーパーを求めて行列ができたという、あの伝説的な騒動が起こった。

続けて一九七九年（昭和五四）のイラン革命により、大量の石油を輸入していた日本は、石油の需給が逼迫（第二次石油ショック）。ここに至って、戦後から続いていた高度経済成長は終焉を迎えた。

右肩上がりの経済成長に終止符が打たれ、若いシェフたちが比較的店を出しやすい状況が整ったことと、物価の高騰によって、高級志向のホテルのレストランから街場の比較的手頃なレストランに客の嗜好が変化していったことが追い風となって、「クラブ・デ・トラント」活躍の時代が到来した。

海を渡って来た三〇代の若者たちが、伝統に翻弄《ほんろう》されることなく、若い感性で作る料理は、古参のレストランとはまた別の新しいファンを獲得していった。

彼らの顔ぶれは、吉野好宏（ジャンドマルス）、石神和人（ベル・フランス）、酒井一之（ヴァンセーヌ）、井上旭（ドゥ・ロアンヌ）、秋山茂夫（サンマルタン）、高橋徳男（ラ・マレ）、鎌田昭男（オー・シュヴァル・ブラン）、青木亨（イゾルデ）、熊谷喜八（ラ・マレー・ド・チャヤ）、城悦男（レカン）、寺島雄三（楠亭）、石鍋裕（ビストロ・ロテュース）、扇谷正太郎（エヴァンタイユ）、佐藤健二郎（シャトー・リヨン） 勝又登（ビストロ・ド・ラ・シテ／オー・シザーブル）、そして、独立して「ラ・ロシェル」をオープンしたばかりの坂井宏行。

彼らはいずれも、名門ホテルの出身というわけではなく、本場フランスを中心に修行をした一匹狼の集まりだった。そんな彼らの店が東京に溢れ、「クラブ・デ・トラント」によって、東京のフレンチは百花繚乱の時代を迎えたのである。

サンドイッチとオードブル

「ラ・ロシェル」オープン翌年の一九八一年（昭和五六）、第二次石油ショックのデフレ効果とインフレ抑制のための引締め政策で、一時的に回復した景気は再び落ち込む。「ラ・ロシェル」も目に見えて客足が減り、坂井には受難の日々が続く。

そんな最中、坂井に料理本の話が舞い込む。中央公論社が出版する「暮らしの設計」と題したシリーズの一冊で、帝国ホテルの村上信夫を筆頭に、江戸料理の「八百膳」や辻嘉一の「辻留」の料理がすべてカラーで掲載されたムック本だ。やがてこれに「シェフシリーズ」が加わり、次第に「クラブ・デ・トラント」の店も紹介されるようになっていた。

坂井への依頼はサンドイッチの本。サンドイッチで一冊を作るという、いささか無謀とも思える企画である。

「ピンチはチャンス」とばかりに、坂井はこれを受けた。そして一つの条件をつける。「サンドイッチの本はやる。その代わり、もう一冊、僕の好きなように作らせて欲しい」と。

処女出版『サンドイッチ教則本』（一九八一年二月）のまえがきには、坂井が鮮治の元で歩き始めた頃の思いが綴られている。

こんど私がサンドイッチの本を一冊にまとめることになった時、嬉しさと不安が一緒にやってきました。そして今から九年前に、今回と同じような想いにとらわれたことが、ふと胸中をよぎったのです。私が二〇代半ばだったでしょうか。ある高級レストランのシェフの役を望まれて引き受けた時も嬉しさと一緒にやってきたのが不安の日々と眠れない夜だったのです。

その頃から見れば現在は、技術を含め自分なりに成長していると自負しているにもかかわらず、大勢の人の目に料理の仕事をさらされる不安は拭えません。相変わらず心細い限りでありました。（中略）

最後の撮影が終わった夜更け、ひとりキッチンに残って改めて感慨にふけりました。サンドイッチといえども、高級なフランス料理を作るのとなんら変わりなく、食べる人に喜んでいただける創意、工夫、勉強はまったく同じであり、これは料理人にとっていつまでも終わりがないという実感です。

同じ年の一〇月、坂井は約束どおり『季節の貴婦人オードブル』を上梓することができた。坂井にとってオードブルは、鮮治と最初に作った懐石の技をいかしたアミューズをルーツとしている。

この二冊が、経営不振に頭を悩ませていた坂井を助け、南青山小原会館の「ラ・ロシェル」を人気店へと再び押し上げてくれたのである。

一九八五年（昭和六〇）、ドル高を是正するためのプラザ合意が締結されたことに端を発し「円高ドル安」が起こると、日本は円高不況に陥った。この対策のために金利引き下げが断行された。これによって「財テク」が進み、「土地神話」とあいまって、一九八六年（昭和六一）から空前のバブルの時代が到来する。

バブル……まさに、今から思うと泡のような時代だった。木村和久のコミック漫画「平成の歩き方」に描かれたような軽佻浮薄《けいちょうふはく》な空気が蔓延《まんえん》し、人々はこぞって贅沢で華美な風潮に翻弄されていた。「浮かれる」とでも言ったらいいのか、実態のないものにふりまわされ、真実や本物を見失いかねない危うさが、やがて世の中を席捲していった。

クリスマスや誕生日をカップルで過ごす若者で、ホテルもレストランも好景気に湧いた。「クラブ・デ・トラント」の店も、ひと月先、半年先の予約を入れないと、食事ができないというほどで、坂井の「ラ・ロシェル」も、そんな人気店の一つとなっていった。

鉄人と呼ばれて

一九八九年（平成元）一〇月一〇日。独立から一〇年の節目に、「ラ・ロシェル」は渋谷の東邦生命ビル（現クロスタワービル）最上階に移転、「天空の城」と呼ぶにふさわしい店をオープンした。

顧客の一人で当時の東邦生命社長太田清蔵は、坂井の人柄と料理の手腕を見込んで、この移転話を持ちかけた。

坂井に躊躇《ためら》いがなかったわけではない。わずか三〇席の小さなレストランから、高層ビル最上階の巨大フロアへの移転である。何もかもが大掛かりで、目のくらむような話だった。しかし、坂井は決断した。背中を押したのは彼を支え続けたスタッフと「クラブ・デ・トラント」の仲間たちだった。

昭和天皇の大喪《たいそう》の礼が執り行われた一九八九年（平成元）頃までは、自粛ムードもあってか景気の激変はなかったが、一九九一年（平成三）三月、それがいっきに崩れ去るのにさほど時間はかからなかった。

一九八九年一一月にベルリンの壁が崩壊し、一二月にはゴルバチョフとレーガンのマルタ会談によって東西冷戦が終結した。経済構造の変化と漠然とした社会不安が広がる中、「土地神話」が崩れはじめ、約五年間続いたバブルが、まさに泡となって見事に消え失せてしまったのである。

坂井の店でも客足は途絶え、空席が目立つ日もあった。富士山はもとより、筑波山から羽田沖まで四方を隈なく見渡せる天空のフロアは、坂井にとって苦悩の種以外のなにものでもなかった。

「窓が開いたら飛び降りていた」と、後年、坂井は語っている。

坂井はスタッフと共にサーヴィス券をつけたチラシを作り、渋谷の歩道橋に立った。道行く人にチラシを配りながら「よろしくおねがいします」と、満面の笑みで声をかけた。顔見知りに気づかれ、「こんなことまでしてるの？」と言われたことも二度や三度ではない。しかし、この苦境をしのがなければ前には一歩も進めない。「いつか笑い話になってくれればいい」と心でつぶやきながら、来る日も来る日も、坂井はスタッフと共に歩道橋に立った。

一方で坂井は、広すぎるフロアを有効に使う方法として、レストランウエディングを考えはじめていた。

日本で最初にマスコミに取り上げられたレストランウエディングは、一九八〇年に芝の「クレセントハウス」で挙式した萩原健一といしだあゆみのカップル。瀟洒な洋館のバルコニーに現れた二人の姿は、若い女性の憧れとなった。

これまでも、二次会がレストランで開かれるケースはあったが、本格的なウエディングはまだ少なかった。

盛大なホテルの結婚式から、アットホームなレストランウエディングへ。はじけたバブルの後に求められるものを見据えて、坂井はレストランの目指す方向を模索した。

まずは、休日限定でブライダルをスタートさせた。

かつて「西洋膳所ジョン・カナヤ麻布」でそうしていたように、テーブルセッティングに箸を添えた。いうまでもなく、披露宴に出席するフォークやナイフが苦手な世代のためである。メニューも、ホテルのクラシックなフレンチとは一線を画し、鹿児島県出身ならばサツマイモのポタージュというように、新郎新婦の故郷に因んだ食材を使った料理を提案した。

まさに「和敬洋讃」。ジョン・カナヤ・イズムは、こうしてブライダルのステージにも受け継がれ、坂井にしかできないブライダルが、やがて「ラ・ロシェル」を支えていくことになる。

一九九三年一〇月、フジテレビ系列の革新的な料理番組がスタートする。伝説の料理番組「料理の鉄人」がそれである。「鉄人」の称号が与えられた和・洋・中の料理人に挑戦者が挑むという、まさに料理の格闘技だ。

コンセプトに賛否両論あったが、視聴率は高かった。数字が取れれば予算もつく。ふんだんに用意された贅沢な材料、普通では決して目にすることもできない一流料理人の手際、見るからに美味しそうな料理の数々。そのどれもが、アフターバブルのお茶の間に、束の間の贅沢をもたらしていた。

和食の道場六三郎、中華の陳建一、フレンチの石鍋裕を擁《よう》してスタートして三ヶ月、突然、フジテレビから二代目のフレンチの鉄人になって欲しいとオファーがあった。

石鍋がリタイヤした理由を、坂井は未だに知らない。ただ、熊谷喜八はフジテレビとの間に入り、「坂井さんにしかできない。これはクラブ・デ・トラントの仲間みんなの意見でもあるんだ」と、熱心に坂井を説得した。

広大なフロアを抱える「ラ・ロシェル」は、ブライダルがようやく軌道に乗ってきたとはいえ、決して楽な状態ではなかった。そんな坂井を、なんとかサポートしたいという熊谷の思いを、坂井は熊谷から感じ取っていた。テレビに出れば、それも毎週人気番組に登場すれば、たとえ調理するのは月に一、二回であっても、店の宣伝になることは間違いないからだ。熊谷との押し問答は続き、坂井の思案も堂々めぐりだった。

自分一人では決められることではない。坂井はシェフの工藤敏之に相談した。

「ムッシュ、やりましょうよ。僕ら全力で応援しますから」

工藤は、小原会館時代に坂井が自らスカウトして育ててきた一人だ。東邦生命ビルへ移転する時も、歩道橋でチラシを配った時も、真っ先に手をあげ、坂井の背中を押した。数多くの弟子のなかでも、最も長く坂井の傍にあって、坂井を支えてきた。

工藤の笑顔と自信満々の声に、坂井の心は決まった。

一九九四年（平成六）二月、二代目フレンチの鉄人として坂井はテレビに登場し、瞬く間に全国区の人気料理人になったのである。

「フレンチの鉄人」として活躍する坂井

育てる

一九五七年、北海道南西部の今金町で牧場を営む家に生まれた工藤敏之は、函館の調理師学校を卒業後、羽田空港の「東京エアポートレストラン」で働き始めた。早朝からの営業で、来る日も来る日もオムレツを焼いていたある日、突然、坂井に紹介される。

坂井は工藤の顔をジッと見て、彼の採用を即決した。一九八五年、坂井が南青山に「ラ・ロシェル」をオープンして五年目のことである。

「驚きましたよ。だって、僕が作ったものを何も食べてないんですよ。それなのに、コックとして採用するっていうんですから。学校で洋食は勉強しましたが、本格的なフランス料理は知りません。僕で務まるのかな？　って、飛び上がるほど嬉しかったけど、不安でしたね」

鮮治と坂井の出会いによく似ている。運命を決めるのは、瞬時のひらめきのようなものなのだろう。

工藤は坂井を生涯の師と言ってはばからない。それは、坂井が心をつくして工藤を育てたからに違いない。師弟の関係は、「ラ・ロシェル」開店二五周年を記念した冊子に掲載された工藤から坂井に宛てた文章からも伝わってくる。

私の運命は、生涯の師であるムッシュに出会ったことで決まりました。そしてムッシュに導かれるまま、新しい料理の世界を知ったのです。

函館の調理師学校を卒業し、洋食の世界でしか働いたことのなかった僕を、ムッシュは熱心に誘ってくださいました。僕の心を開いてくださったムッシュ。あの出会いがなかったら、現在の僕は間違いなく存在していません。

当時、ムッシュの料理は、既存のフランス料理から見ると奇抜といえるほど大胆で、自由で、それでいてすべてが新鮮で、吸収することがあまりにも多かったことを思い出します。作り手の想像力が重視される「ヌーベル・キュイジーヌ」の世界に触れ、はじめて料理のおもしろさを知ったような気がしたものです。

スタッフひとりひとりを心から気遣い、大切に思ってくれるムッシュ。調理場で一緒になって遊んでくれるムッシュ。そんな料理長は他にはいないと思います。小原会館時代、スタッフの誕生日にはプレゼントを用意し、終業後にパーティを開いてくれたことは忘れられない想い出です。

どんなに仕事ができても奢《おご》ることなく、誰に対してもあたたかく、関わっているすべての人に感謝する。そんなムッシュの生き方を次世代に伝えていくのが、私の使命であると思っています。

(La 25ème Anniversaire de La Rochelle 2006)

鮮治は、ホテルやレストランのスタッフを家族のように考え、接していた。スタッフとの信頼関係が何よりも大切だということを、生涯を通じ、身を以て示してきた。

そんな鮮治に育てられた坂井だからこそ、スタッフを大切にし、「ラ・ロシェル」を一つの大きな家族と考えていたことがわかる。

ここにも、ジョン・カナヤ・イズムが息づいていたことを知って、ホスピタリティ＝「おもてなし」の心とは、いかなるものなのか、上質のホスピタリティを継続的に維持するために最も必要なものは何なのか、改めて考えさせられる。

二〇一一年（平成二三）三月一一日の東日本大震災を機に、厨房のメンテナンスの問題から「天空の城」は休業を余儀なくされた。

現在、坂井自身は、赤坂山王、南青山、福岡の三店舗を若手のシェフに任せ、日本ばかりでなく、世界各地で開催される美食会に招かれ、腕をふるうために飛び歩く日々。そんな時は必ず工藤を伴い、師弟でありながら、まるで年の離れた兄弟のように、二人並んで厨房に立つ。

クロスタワービルと名前を変えたかつての東邦生命ビル地階に二〇一五年（平成二四）オープンした「ビストロ　イル・ド・レ」を覗くと、Tシャツにエプロンの坂井や、シェフコートでフライパンを振る工藤が厨房から笑顔をのぞかせることがある。

ラ・ロシェルの厨房。坂井の隣は工藤敏之

素顔の坂井は、「鉄人」や「名店の一流シェフ」以前に、料理が好きでたまらない一人の料理人として、日々厨房に立っていることに驚く。その奢らず飾らない生き方が、どれだけ眩しく感じられることか。

ホテルマン・金谷鮮治と彼の精神を受け継いだ料理人・坂井宏行。輝かしい彼らの足跡が、「家族を愛する」という、人間としてかくも素朴な精神に裏打ちされていることに気づいたことが、彼らの歴史を追うことでたどり着くことのできた最大で最高の収穫である。

エピローグ　よみがえる極上のコンセプト

鬼怒川金谷ホテルロビー。天井から「天女の舞」が見下ろす

二〇一二年（平成二四）一二月六日の夜。「ひと夜かぎりのジョン・カナヤ」と銘打って、鬼怒川金谷ホテルのダイニングルームで、「西洋膳所ジョン・カナヤ麻布」のディナーが再現された。シェフは坂井宏行が務め、ゲストには、かつての常連客が顔を揃えた。

懐かしい時間は瞬く間に過ぎ、誰もが極上の「ひと夜」が明けるのを惜しんだ。

「西洋膳所ジョン・カナヤ麻布」は、坂井が去った後も名店として長く親しまれたが、一九九二年（平成四）本社ビル売却に伴い、惜しまれつつ閉店した。前述のショコラトリー・ジョン・カナヤの紙袋には、閉店当時の常連客がイラストで描かれており、往時の華やかな様子をうかがい知ることができる。

鮮治の遺作となった鬼怒川金谷ホテルは、時代にあわせたリニューアルを重ね、二〇一一年（平成二三）、鮮治の孫・譲児の手に委ねられた。

クリスマスを控えた「ひと夜」は、譲児の、祖父・鮮治、父・輝雄、そしてシェフ坂井に対する限りないリスペクトの表れでもあった。

ひとつだけ、私は不思議に思うことがある。鮮治にとって故郷はどこだったのだろう。

彼が鬼怒川で暮らした記録はどこにもなかった。日光の小学校に通ってはいたが、卒業を待たずに親元を離れ、東京に出ている。両親が鬼怒川に移り住んだ時は、すでに大学生のはずで、卒業と同時に箱根の富士屋ホテルへ就職している。

結婚後も、鬼怒川で暮らすことはなく、戦後の連合軍による接収が解除された後も、妻と共に鬼怒川と東京を毎月往復していて、住まいを東京から移すことはなかった。

海外を見聞し、広い視野で日本のホテルを考えていた彼は、コスモポリタン＝国際人だったに違いない。そうであるならば、「East meets West（和敬洋讃）」を唱える「和」のアイデンティティは、はたしてどこにあったのだろうか。

幼少期を過ごした日光とも、両親の遺産となった鬼怒川とも思えるが、私には、鮮治の遺伝子に組み込まれた金谷ホテル創業者・金谷善一郎の系譜にあるように思える。鮮治にとって故郷は、場所ではなく祖父由来のメンタリティだったのではないかと。

東照宮に仕える楽師から外国人のためのホテル経営に転じた才知と決断力、時代を見据えた先見性は、常に一〇年以上は先を見ていたという鮮治と酷似している。この冒険とも賭けとも思える大胆さは、細やかな心遣いに裏打ちされた繊細で優しい人物像と表裏一体となって、金谷鮮治という人物に貫かれている。

「金谷鮮治ほど素敵な人を知らない」と、彼を知る誰もが口を揃《そろ》えて言う。

鮮治の薫陶《くんとう》を受けた坂井は、いまなお鮮治を片時も忘れず、在りし日の鮮治の写真を大切に手帳にはさんで持ち歩いている。そして、講演の演壇に立つ時は必ず、鮮治の話をする。鮮治はいまなお、坂井の心に生き続けているのだ。

鬼怒川金谷ホテルのロビーホール。天井から、深く鮮やかな光を含む天女像のスカルプチャーグラス「天女の舞」が客を迎える。

鮮治がガブリエル・ロアールに委嘱した特注の作品で、生前に完成を確かめ、その出来栄えにとても満足していたという。

仏教における吉祥天や弁財天、それ以前の「羽衣」伝説に起源を持つ日本伝統の「天女」と、フランスのシャルトル大聖堂を飾る技術のコラボレーションは、まさに鮮治が生涯を貫いて座右の銘とした「East meets West（和敬洋讃）」の象徴だった。

悠久の時を経ても色褪せることのない天駆ける天女の舞は、これからも鮮治が提唱するホスピタリティの水先案内として、この地で極上の時を刻み続けることだろう。

あとがき

横浜の小さな書店でムッシュ坂井の本と出会ったのは、私が家庭に入って間もない頃でした。その本は、『季節の貴婦人　オードブル』（中央公論社）というタイトルそのもののような麗しい料理の数々で埋め尽くされ、それまでのフランス料理とは一線を画した別の世界が詰まった一冊でした。

ムッシュ坂井が創造する世界は、何よりも目に美味しいのです。見たこともないような素材が並ぶフランス料理とは少しニュアンスを異としていて、見ているだけで想像力がかきたてられ、味が思い浮かんでくるようなものばかり。調理方法も化学的でわかりやすく、読み物としても楽しいものでした。実際は、私の想像を遥かに超えた美味しさに違いありませんが、それでも味を想像してワクワクしながら、バイブルのように繰り返し読んだものです。

そんなこともあって、「フレンチの鉄人坂井宏行」が初登場した時の衝撃は忘れられません。「やっとこのシェフの時代になった！」と、生意気なことを思ったものです。

時を経て、「坂井シェフの本を聞き書きして欲しい」というお話をいただき、『僕流フレンチを召し上がれ』（ＫＫベストセラーズ）をお手伝いさせていただきました。それからも『坂井宏行の和素材フレンチ』（岩崎書店）、『坂井宏行の大人の厨房』（近代映画社）とご縁が続き、

「ラ・ロシェル二五周年記念」の冊子を編集することになったのです。

冊子にお祝いのメッセージを掲載してはどうかと提案させていただくと、ムッシュから真っ先にお名前にあがったのが、金谷鮮治氏夫人の玉枝氏とご子息の輝雄氏でした。

六本木ヒルズのホワイエでお二人からお話をうかがううちに、金谷鮮治氏のことをもっと深く知りたいと思い、インタビューが終わった後、改めて鮮治氏についてのヒヤリングをお願いしたところ、お二人もご快諾してくださいました。その約束が果たせなかったことへの後悔が、本稿を書くきっかけとなったことは言うまでもありません。

坂井宏行という稀有な才能を持つ料理人を育てた人物として、ホテルマン金谷鮮治への私の興味は尽きることがありませんでした。

その発想において、「既存の枠におさまりきれない人」と誰もが口を揃えて評する人物は、取材を進めるうちに、私の想像の世界で生き生きと動き出して、その声さえも聞こえるようでした。

周囲に葉巻の甘い香りを漂わせ、ホテルニュージャパンのロビーを颯爽と歩き、最愛の店「西洋膳所ジョン・カナヤ麻布」のテーブルを穏やかな笑顔でまわり、厨房で忙しく鍋を振る坂井の姿に目を細め、鬼怒川金谷ホテルのエントランスで「天女の舞」を見上げて……。

私たち日本人は、新しいものや外から移入されたものに極めて敏感で、それを既存のものとなじむように変容させる術に長けています。興味深いことは、進化や融合によって生まれた新しい文化は、それまでの文化を駆逐することなく、互いに共存しながら生命を維持しているということです。

フランス料理に茶道における懐石料理の技と心を取り込み、和素材をふんだんに生かし、日本人の生活と嗜好にあったフランス料理の世界を創造するという試みは、ホテルマン金谷鮮治が創造した新しい日本の文化に他なりません。「料理は文化」だということを、そして文化は、担い手があってこそ創造され、受け継がれ、さらには新たな伝統となっていくことを、本書を通じて多くの方々に知っていただきたいと思います。

最後になりますが、本書を執筆するにあたり、長きにわたりお世話になりましたムッシュ坂井こと坂井宏行氏はじめラ・ロシェルの皆様、金谷譲児氏はじめ金谷ホテル観光の皆様、インタビューに快く応じてくださった多くの皆様には、心よりお礼申し上げます。

そして、この本を出版するにあたってお力添えくださった春陽堂書店の永安浩美氏に限りない感謝を捧げます。

二〇一九年一一月吉日

小野幸恵

略年譜

西暦	元号	金谷鮮治にまつわるできごと	坂井宏行のできごと	社会のできごと
1870	明治3	ヘボン博士金谷家に投宿		
1873	明治6	善一郎金谷カテッジインを開業		
1878	明治11	イザベラバード滞在		
1879	明治12	善一郎の長男眞一誕生		
1882	明治15	善一郎の次男正造誕生		
1888	明治21	善一郎の長女多満（鮮治の母）誕生		
1889	明治22	善一郎東照宮の伶人を辞す		大日本帝国憲法発布
1891	明治24	善一郎の妻（多満の母）逝去		上野～日光間に日本鉄道日光線開通
1893	明治26	日光金谷ホテル開業		
1907	明治40	正造、山口孝子と結婚		
1909	明治42	多満、原正生と結婚		
1910	明治43	鮮治誕生		
1912	明治45			明治天皇崩御
1914	大正3			サラエボ事件より第一次世界大戦へ

1923	大正12	善一郎逝去		関東大震災
1926	大正15			大正天皇崩御
1929	昭和4			浅草～日光に東武鉄道開通 世界恐慌
1931	昭和6	鬼怒川温泉ホテル開業		満州事変
1938	昭和13	火災に見舞われるも二年で再建		
1941	昭和16	鮮治、玉枝と結婚		
1942	昭和17	鮮治の長男輝雄誕生	坂井宏行誕生	
1944	昭和19		父出征する	
1945	昭和20		一家で鹿児島へ	第二次世界大戦終わる
1946	昭和21	鬼怒川温泉ホテルＧＨＱに接収される		
1951	昭和26	鬼怒川温泉ホテル接収解除		
1953	昭和28	金谷ホテル株式会社から分離し、鬼怒川温泉ホテル株式会社設立。鮮治が社長に就任		
1957	昭和32	二度目の火災。翌年再建		

1858	昭和33		高校中退し大阪「一冨士」へ	
1959	昭和34		新大阪ホテル	
1960	昭和35	ホテルニュージャパン開業。常務に就任		
1961	昭和36		オーストラリアへ	
1964	昭和39		志度藤雄の「四季」「チボリ」「ココパームス」	東京オリンピック
1967	昭和42	本社を東京へ移す	「レンカ」「マジョリティ」光子と結婚	
1969	昭和44	鬼怒川温泉ホテル株式会社から金谷ホテル観光株式会社に社名変更		
1970	昭和45		万博名鉄グループで働く「元狩」	大阪万国博覧会
1971	昭和46	本社ビル竣工「西洋膳所ジョン・カナヤ麻布」開店 輝雄、昌子と結婚	鮮治と出会う	
1972	昭和47			札幌冬季オリンピック
1973	昭和48	輝雄の長男譲児誕生		第一次オイルショック

1976	昭和51	鮮治会長に、輝雄社長に就任		
1977	昭和52	鮮治逝去		
1978	昭和53	鬼怒川金谷ホテル開業		
1979	昭和54			第二次オイルショック
1980	昭和55		3月3日「ラ・ロシェル」開店	クラブ・デ・トラント結成
1986	昭和61			12月バブルに入る（91年2月まで）
1989	平成1		10月10日「渋谷ラ・ロシェル」開店 同時に「グラン・カフェ」開店	昭和天皇崩御。ベルリンの壁崩壊
1990	平成2		ブライダルを始める	
1991	平成3			バブル崩壊
1993	平成5			「料理の鉄人」放送開始
1994	平成6		「料理の鉄人」初出演	
1999	平成11		2月南青山店オープン	
2000	平成12		1月「G7」蔵相中央銀行総裁会議昼食担当	
2002	平成14	「西洋膳所ジョン・カナヤ麻布」閉店	9月福岡店オープン	

2005	平成17	鬼怒川観光ホテルが「日本旅館ファーストクラス」をコンセプトにリニューアル。	フランスより農事功労章シュヴァリエ勲章叙勲	
2006	平成18		「ラ・ロシェル」25周年パーティ	
2010	平成22		12月赤坂に山王店オープン	
2011	平成23	譲児社長に就任。「渓谷の別荘」をテーマに新生「鬼怒川金谷ホテル」誕生。ショコラトリーブランド「JOHN KANAYA」デビュー。館内に1号店		
2012	平成24	「一夜限りのジョン・カナヤ」		
2015	平成27		「ビストロ イル・ド・レ」オープン	
2017	平成29	箱根に「森の別邸」をテーマに「KANAYA RESORT HAKONE」開業		
2018	平成30	那須高原に森のアクティビティリゾート「THE KYE HIGHLAND NASU」開業		
2019	令和元	東京に日本料理店「平河町かなや」開業		令和改元

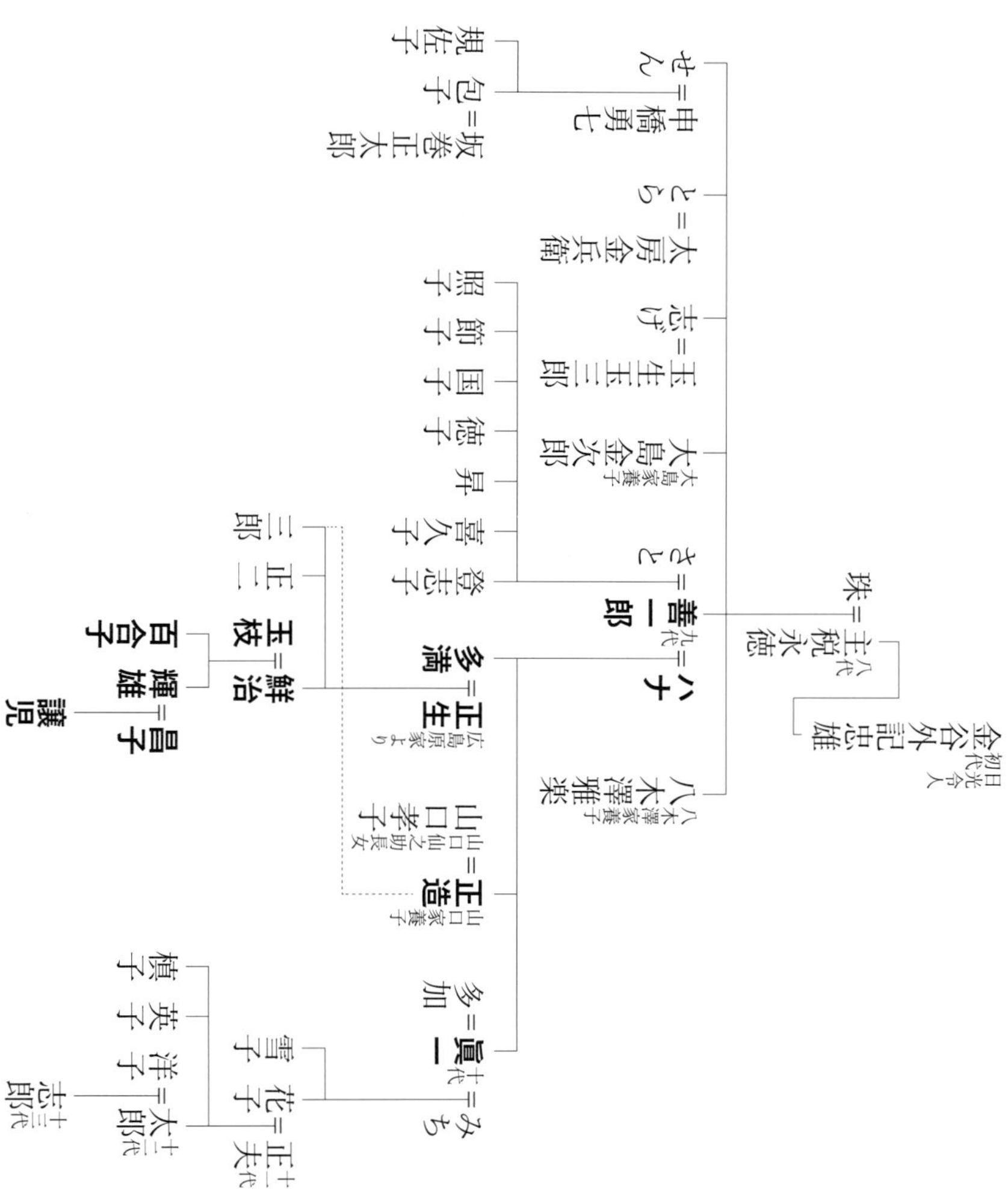
金谷外記忠雄 初代日光令人
主税永徳 八代
珠
ハナ
善一郎 九代
さと
八木澤雅楽 八木澤家養子
大島金次郎 大島家養子
玉生玉三郎
志げ
太房金兵衛
とら
中橋勇七
せん
坂巻正太郎
包子
規佐子
多加
眞一 十代
みち
正造 山口家養子
山口孝子 山口仙之助長女
正生 広島原家より
多満
登志子
喜久子
昇
徳子
国子
節子
照子
鮮治
玉枝
正二
三郎
輝雄
昌子
百合子
譲児
正夫 十一代
花子
雪子
太郎 十二代
洋子
英子
槙子
志郎 十三代

金谷家略系図

主な参考文献

書籍

『赤坂ナイトクラブの光と影』諸岡寛司（講談社）
『一財界人、書き留め置き候』萩原吉太郎（講談社）
『金谷カテッジイン物語　日光金谷ホテル誕生秘話』中橋弘之（文藝春秋企画出版部）
『吉兆　湯木貞一郎のゆめ』湯木美術館（朝日新聞社）
『政治わが道　藤山愛一郎回想録』藤山愛一郎（朝日新聞社）
『帝国ホテル百年の歩み』帝国ホテル（私家版）
『伝説の銀座マダム　おそめ』石井妙子（新潮社文庫）
『伝説の料理長サニー・ワイル物語』神山典士（草思社文庫）
『天皇の料理番』杉本久英（集英社文庫）
『東京アンダーワールド』ロバート・ホワイティング（角川文庫）
『東京十二契』野坂昭如（文春文庫）
『日光奥地紀行』イザベラ・バード　高梨健吉／訳（平凡社）
『日本のホテル小史』村岡實（中公新書）
『増補版　箱根富士屋ホテル物語』山口由美（千早書房）
『ヘボンの生涯と日本語』望月洋子（新潮選書）
『僕は料理長ときどき鉄人　ムッシュ坂井の半世紀フルコース』坂井宏行（講談社）
『ホテルと共に七拾五年』金谷眞一　金谷ホテル（私家版）
『ムッシュ坂井の僕流フレンチを召しあがれ』坂井宏行（ＫＫベストセラーズ）
『森と湖の館　日光金谷ホテルの百二十年』常盤新平（潮出版社）
『料理人として　神戸・ロンドン・銀座』志渡藤雄（文化出版局）
『私の履歴書』第十二集（日経新聞）

雑誌

『饗宴』一九八一年秋号（婦人生活社）
『サンドイッチ教則本』「暮らしの設計」１３６号（中央公論社）
『セブンシーズ』　特集「六本木物語」（ライトハウスメディア）

小野幸恵（おの さちえ）

一九五四年東京都生まれ。早稲田大学教育学部卒業。出版社勤務を経てフリー編集者となり、古典芸能を中心とした舞台芸術や日本文化についての書籍を編集・執筆する。著書『日本の伝統芸能はおもしろい』全6巻（岩崎書店）、『幸四郎と観る歌舞伎』『和と出会う本』（アルテスパブリッシング）、『焼け跡の「白鳥の湖」』（文藝春秋）、『週刊誌記者近松門左衛門』（文春新書）ほか。

西洋膳所ジョン・カナヤ麻布ものがたり

伝説のレストランを創った
ホテルマン **金谷鮮治** と シェフ **坂井宏行**

二〇一九年一一月一〇日 初版第一刷 発行

著者 **小野幸恵**
発行者 **伊藤良則**
発行所 株式会社 **春陽堂書店**
〒一〇四-〇〇六一
東京都中央区銀座三-一〇-九
KEC銀座ビル
電話 〇三-六二六四-〇八五五

装幀・デザイン 山谷淳子
印刷・製本 亜細亜印刷株式会社

ISBN978-4394-90363-5 C0095